Huberta Eder

BUNTE KÜCHE FÜR DIALYSEPATIENTEN

Kochbuch mit über 100 abwechslungsreichen Rezepten

Bibliografische Information Der Deutschen Bibliothek

Die Deutsche Bibliothek verzeichnet diese Publikation in der Deutschen Nationalbibliografie; detaillierte bibliografische Daten sind im Internet über <https://portal.dnb.de> abrufbar.

ISBN 978-3-87409-717-8

Huberta Eder, Christian-Rinck-Straße 9, 35392 Gießen

Fotografie: der-stadtfotograf-giessen.de

KIRCHHEIM

7. Auflage 2020

Wilhelm-Theodor-Römheld-Str. 14, 55130 Mainz

www.kirchheim-shop.de

Inhaltsverzeichnis

„Essen und Trinken hält Leib und Seele zusammen." Dieses Sprichwort hat für Dialysepatienten eine besonders wichtige Bedeutung, denn richtiges Essen und Trinken fördert u. a. das Wohlbefinden.

Dieses Kochbuch gibt Dialysepatienten Einblick in eine bunte Rezeptwelt und bietet Hilfestellungen, die veränderte Ernährungssituation besser zu meistern.

Dabei werden die wichtigsten Ernährungsziele berücksichtigt: die ausreichende Zufuhr von Kalorien und Eiweiß, aber auch die eingeschränkte Zufuhr von Phosphat und Kochsalz sowie die angemessene Zufuhr von Kalium und Flüssigkeit.

Viele Anregungen und Tipps helfen, das notwendige Grundwissen zu vermitteln. Die Rezepte sind vielseitig und praxisnah. Sie sind insbesondere für die alltägliche häusliche Küche bestimmt. Dialysepatienten sollen erkennen, ob und inwieweit Veränderungen der bisher gewohnten Ernährungsweisen notwendig werden oder nicht. Ziel des Buches ist es, dass sich Betroffene auch weiterhin auf ihre Lieblingsgerichte freuen können, sofern es der Ernährungsrahmen zulässt.

Die Rezepte sind in der Regel für ein bis zwei Portionen berechnet und lassen sich bequem vervielfältigen oder teilen; außerdem finden Sie die Angaben von Kalorien, Eiweiß und Kohlenhydraten (BE). Kalium und Phosphat wird nicht, wie allgemein üblich, in Milligramm angegeben, sondern nach dem bewährten Punktesystem berechnet, wie es in dem Buch „Bessere Ernährung für Dialysepatienten" erstmalig vorgestellt wurde.

In der täglichen Nahrungsauswahl sollen größtmögliche Spielräume zu finden sein, aber auch Grenzen erkennbar werden. Dadurch soll die Essensfreiheit weitgehend optimiert und die unkomplizierte Gestaltung eines abwechslungsreichen Tageskostplanes erreicht werden.

Das Essen soll zum Genuss werden und somit entscheidend zur Lebensfreude beitragen.

Huberta Eder

Auf der Suche nach einem geeigneten Geleitwort stießen wir auf Deutschlands wohl bekanntesten Gourmet Wolfram Siebert. Er zitiert den Franzosen Marcel Proust und dessen Gefühle beim Eintunken einer Madeleine (Feingebäck) in seinen Tee. Duft und Geschmack versetzten den Schriftsteller Proust in überwältigender Weise in vergangene glückliche Zeiten. Siebeck selbst sagt, dass es ihm beim Lesen verschiedener Rezepte ähnlich gehe, doch da er nicht Marcel Proust sei, reagiere er eher wie ein Pawlowscher Hund; ihm laufe das Wasser im Mund zusammen.

Wir möchten und müssen uns dieser ganz natürlichen physiologischen Reaktion anschließen, wenn wir uns den Rezepten und der sehr gelungenen künstlerischen Gestaltung dieses beliebten Buches von Frau Eder zuwenden.

Ein Sprichwort aus Großbritannien sagt: „Der liebt mich auf die rechte Art, der mir den Bauch füllt."

Frau Eder hat in ihrer jahrelangen Arbeit offensichtlich ein großes Herz für Dialysepatienten entwickelt. Denn chronisch Nierenkranke erfahren einen ganz gravierenden Einschnitt in die Freizügigkeit des Lebens – nicht nur durch die notwendigen Behandlungen – sondern auch bei der Konfrontation mit Vorschriften und Einschränkungen der Diät.

In diesem Buch gelingt der Autorin der sehr schwierige Spagat zwischen der Lust am Essen auf der einen und der „Diäääät" auf der anderen Seite. Hier werden mit Raffinesse und Kreativität die gefährlichen Hürden von Kalium und Phosphat genommen und am Ende stellt man fest – das mundet ja ausgezeichnet!! Und manch einer rechnet verschämt nach, ob das noch etwas mit Diät zu tun hat.

Auch bei der praktischen Umsetzung wird der Genuss nicht durch komplizierte Umrechnungen getrübt, da Frau Eder das geniale Prinzip der „Punkte" auch in diesem Buch weiterführt.

Als jahrelange Begleiter und Berater von chronisch kranken Nierenpatienten wissen wir um die Notwendigkeit und auch die Effektivität einer speziellen Nierendiät.

Den Erfolg ihres ersten Buches, welches die Autorin gemeinsam mit Dr. Schott verfasst hatte, konnten wir in der Praxis verfolgen. Wir sind überzeugt, dass auch diese Anleitung oft und gerne von Patienten und deren Angehörigen in die Hand genommen werden wird, denn auch für Nierenkranke gilt ab sofort:

Essen macht Freude.

Dr. med. Sabine Schütterle
PD Dr. med. Horst-Walter Birk

PHV-Dialysezentrum Marburg/Cappel

Uniklinikum Gießen und Marburg
Schwerpunkt Nephrologie Gießen

Alle Kunst ist der Freude gewidmet,
und es gibt keine höhere
und keine ernsthaftere Aufgabe
als die Menschen zu beglücken.

FRIEDRICH SCHILLER

ALLGEMEINE GRUNDLAGEN ZUR KÜCHENPRAXIS UND ERNÄHRUNG

Kleines Küchen-ABC

Das kleine Küchen-ABC bringt einige Tipps, um die Küchenpraxis zu erleichtern. Die vorliegenden Rezepte erheben jedoch keinen Anspruch auf die vollständige Vermittlung allgemeiner Kenntnisse des Grundkochens. Wenn weitere Erklärungen notwendig sind, sollten Sie sich bei Bedarf ein Standard-Kochbuch zur Hilfe nehmen.

Etwas Neues zu entdecken, bringt in jedem Falle Spaß am Kochen mit sich. In vielen Fällen gibt es auch nette Überraschungen und diese sollten Sie sich nicht entgehen lassen.

Sollen jedoch Soßen mit Mehl (oder Stärkemehl) gebunden werden, so muss es zuvor mit etwas kaltem Wasser angerührt werden.

Lebensmittelangaben

- Die in den Rezepten angegebenen Zutaten entsprechen jeweils dem verzehrbaren Anteil.

Hierzu einige Beispiele:

- fertig geputztes Obst und Gemüse
- geschälte Kartoffeln
- vorbereitete Salate
- Fleisch ohne Knochen
- Schnittkäse ohne Rinde
- Zitronenschale unbehandelter Zitronen verwenden.
- Beim Einsatz von frischer Ware ist daher eine größere Menge an Ausgangsgewicht einzuplanen.

Messbegriffe

EL	=	Esslöffel
TL	=	Teelöffel
Msp.	=	Messerspitze
P.	=	Päckchen
ml	=	Milliliter
l	=	Liter
°C	=	Temperaturangabe in Grad Celsius

Löffelmaße sind zwar ein praktisches Hilfsmittel, um sich das Wiegen mit der Waage zu ersparen, sie können allerdings auch zu Ungenauigkeiten führen. Ursachen dafür liegen in der Vielzahl der unterschiedlichen Löffelgrößen und in der Art des einzelnen Lebensmittels und der Füllmenge selbst. Es bleibt daher zu fragen, „Welche Löffelgröße ist gemeint und ist der Löffel nun etwa gestrichen voll oder etwa leicht gehäuft oder ..?“ Dennoch habe ich mich in diesem Buch teilweise für die praktischen Löffelmaße entschieden.

Eine **Küchenwaage** bietet Ihnen, insbesondere zu Beginn Ihrer Küchenexperimente, eine gute Unterstützung, Portionsgrößen zu bestimmen. Jedoch können Sie die Waage zur Seite stellen, wenn Sie im Laufe der Zeit Ihre eigenen Erfahrungen gemacht und Ihr Augenmaß geschult haben.

Allgemeine gültige Messeinheiten

1 TL	enthält etwa 3–5 ml bzw. 3–5 g Flüssigkeit
1 EL	enthält etwa 10–15 ml bzw. 10–15 g Flüssigkeit
2 cl	entsprechen 20 ml bzw. 20 g Flüssigkeit und dem Inhalt eines Schnapsglases
1/8 l	entspricht 125 ml bzw. 125 g Flüssigkeit und dem Inhalt eines Weinglases
150 ml	bzw. 150 g Flüssigkeit entsprechen dem Inhalt einer normalen Kaffeetasse
1/4 l	entspricht 250 ml bzw. 250 g Flüssigkeit

In meinen Rezepten lege ich einen Teelöffel Öl mit 3 g und einen Esslöffel Öl mit 8 g zugrunde.

Besonders ratsam ist es, den Inhalt von Tassen, Gläsern, Kompottschälchen, Soßenkellen u. a. m. zu bestimmen, um ein gutes Gefühl für Flüssigkeitsmengen zu bekommen.

Lebensmittelbegriffe und kleine Warenkunde

In den Rezepten verwende ich Lebensmittelbegriffe, wie sie im allgemeinen Sprachgebrauch üblich sind. In einigen Rezepten werden Handelsnamen genannt. Gleichartige Produkte sind gegeneinander austauschbar.

Mehl	Weizenmehl, Type 405
Stärkemehl/ Speisestärke	Maisstärke, neutral im Geschmack. Markenartikel, z. B. *Mondamin, Maizena, Gustin*
Reis	polierter (parboiled) Reis, Milchreis (Naturreis hat höheren Kalium- und Phosphatgehalt)

Nudeln aus hellem Mehl hergestellt; mit oder ohne Ei

Zucker Haushalts- oder Kristallzucker

Sahne gemeint ist hierbei „süße Sahne“ mit 30 % Fett. Sie wird stets nur als „Sahne“ bezeichnet.

saure Sahne enthält 10 % Fett und wird stets als „saure Sahne“ bezeichnet.

Crème fraîche ist eine saure Sahne mit hohem Fettgehalt. Sie ist zum Kochen und Verfeinern verschiedener Speisen geeignet. Es gibt auch pflanzliche Crème fraîche.

Milch Vollmilch

Sprudelwasser Mineralwasser mit Kohlensäure

Obstkonserven sind gezuckert, wenn nicht anders angegeben.

Vanille- oder Sahnepuddingpulver besteht aus Stärkemehl und Aromen. Es gibt vielen Süßspeisen einen lieblichen Geschmack und kann auch zum Backen genommen werden.

Sahnestandmittel sind geeignet, z. B. *Sahnesteif, Sahnefest, San-apart*

Alkohol Einige Rezepte enthalten Zusätze von Alkohol, um sie geschmacklich zu verändern oder sind als alkoholische Getränke ausgewiesen. Wenn bei Ihnen Alkohol unerwünscht ist oder aus gesundheitlichen Gründen auf der „Verbotsliste“ steht, z. B. aufgrund von Erkrankungen der Leber oder Bauchspeicheldrüse, so streichen Sie ihn ersatzlos. Junge Hobbyköche lassen ebenfalls den Alkohol weg.

Aluminium-Folie und Kochgeschirr aus Aluminium

Das Aluminium spielt beim Dialysepatienten eine bedeutsame Rolle, da es sich auf Dauer im Körper anhäuft und somit zu Nebenwirkungen führt.

Der Einsatz von Alu-Folie ist in der Vorratshaltung und zum Garen sehr beliebt, während aluminiumhaltiges Kochgeschirr heutzutage jedoch weitgehend aus der Küche verschwunden ist.

Bei der Zubereitung von säure- oder salzhaltigen Speisen (z. B. Apfelmus, Kartoffelsalat) in unbehandeltem Aluminiumgeschirr kann Aluminium auf die Lebensmittel übergehen - vor allem wenn sie längere Zeit Kontakt mit dem Geschirr oder der Folie haben.

Verwenden Sie daher Kochgeschirr (Töpfe und Pfannen) aus Leichtmaterial, dessen Oberfläche gegen Korrosion behandelt ist, Edelstahl, Emaille oder Bratpfannen aus Gusseisen. Alu-Folie lässt sich je nach Verwendungszweck gut gegen Bratenfolie, Auflaufform mit Deckel, Klarsichtfolie, Vorratsdosen aus Kunststoff o. ä. ersetzen.

Energie- und Nährwertberechnung

Die Rezepte sind nach den wichtigsten diätetischen Merkmalen berechnet. Mit Hilfe dieser Ergebnisse lässt sich der tägliche Ernährungsplan sehr leicht zusammenstellen und verschafft Gewissheit über eine ausgewogene Ernährung.

Abkürzungen

kcal	=	Kalorien
E	=	Eiweiß
KH	=	Kohlenhydrate
BE	=	Broteinheit, entspricht einer Schätzgröße von 10–12 g KH. Auch als Kohlenhydrateinheit (KE) bezeichnet.
K-Punkte	=	Kaliumpunkte (1 Kaliumpunkt entspricht 75 mg Kalium)
P-Punkte	=	Phosphatpunkte (1 Phosphatpunkt entspricht 50 mg Phosphor)

Rechenergebnisse

Nicht immer entspricht das Rechenergebnis einer Portion oder eines Stückes einer halben oder ganzen BE bzw. einem halben oder einem ganzen Kalium- oder Phosphatpunkt.

Dezimalstellen von 4 vor bzw. 6 nach dem Komma werden daher als halbe BE oder halber Kalium- bzw. Phosphatpunkt berechnet. Die übrigen Zahlen hinter dem Komma werden auf- oder abgerundet.

Beispiele: 0,4 → 0,5; 0,6 → 0,5; 1,3 → 1; 1,7 → 2.

Für Kalium und Phosphat werden Werte zwischen 0,1 bis 0,3 mit 0,2 Punkten berechnet.

Der unterschiedliche Gehalt aller Inhaltsstoffe in natürlich gewachsenen Lebensmitteln wird durch sehr viele Faktoren beeinflusst. Ursächlich dafür sind z. B. die Sorte, Bodenverhältnisse, Düngung und Jahreszeit. In Lebensmittel-Tabellen handelt es sich daher bei allen Nährwertangaben um errechnete Mittelwerte.

Die Endergebnisse für Kalorien habe ich aus diesem Grunde auf ganze Zehnerstellen auf- oder abgerundet. Auf die Angaben des Energiegehaltes in Joule habe ich zugunsten einer besseren Übersicht verzichtet.

Energie- und Nährwertangaben

- Die in den Rezepten berechneten Kalorien und Nährwerte beziehen sich jeweils nur auf die Zutaten des eigentlichen Grundrezeptes und sind somit für eine Portion oder ein Stück bestimmt.
- Sind bereits im Grundrezept Austauschmöglichkeiten angegeben, so gelten für die Nährwertberechnung die Angaben der zuerst genannten Lebensmittel.
- Die unter Tipps empfohlenen Beilagen oder Austauschmöglichkeiten sind hierbei nicht mitberechnet.

Rund um die BE

In den Rezepten dieses Buches entspricht eine Broteinheit 10–12 g Kohlenhydraten. Hierbei wurde die Aufnahmegeschwindigkeit der einzelnen Kohlenhydrate und der damit verbundene Blutzuckeranstieg nicht berücksichtigt.

- Gemüse enthält nicht anrechnungspflichtige Kohlenhydrate.
- Mais enthält anrechnungspflichtige Kohlenhydrate.
  Eine 200 g-Portion Erbsen- und Möhrengemüse entspricht einer halben BE. In den Rezepten dieses Kochbuches sind Erbsen und Möhren nur in geringen Mengen enthalten, so dass der Kohlenhydratgehalt nicht angerechnet wird.

Eiweiß und Kalorien

In der Ernährung für Dialysepatienten kommt der ausreichenden Eiweiß- und Kalorienzufuhr eine besondere Bedeutung zu, da Stoffwechselvorgänge erschwert ablaufen. Durch sie werden Wohlbefinden, körperliche und geistige Leistungsfähigkeit und Abwehrkraft in hohem Maße beeinflusst. Mangelnder Appetit kann Ursache für eine Fehlernährung sein. Zusätzlich bringen Künstliche Niere und Peritonealdialyse ungewollte Eiweißverluste mit sich.

Kalorien und körperliche Bewegung

Der tägliche Kalorienbedarf bei Hämodialyse-Patienten beträgt allgemein 35 kcal pro Kilogramm Körpergewicht.
Bei Peritonealdialyse-Behandlung muss der tägliche Energiebedarf um 400–500 kcal reduziert werden, weil Glukose (Traubenzucker) aus dem Dialysat ins Blut übertritt. Zucker sollte nur sparsam verzehrt werden.

Ein ausreichendes Maß an körperlicher Bewegung, am besten an frischer Luft, ist ganz wichtig. Dadurch können viele Stoffwechselfunktionen positiv beeinflusst werden. Beispiele dafür sind der Erhalt der Muskelmasse und die Steigerung der körperlichen Abwehrkräfte.

Eiweißbedarf und Portionsgrößen

Der tägliche Eiweißbedarf liegt für Hämodialyse-Patienten bei etwa 1,2 g pro Kilogramm Sollgewicht. Das entspricht einer Gesamtmenge von 70–80 g Eiweiß pro Tag.

Patienten mit Peritonealdialyse benötigen etwa 1,2–1,5 g Eiweiß pro Kilogramm Körpergewicht pro Tag. Ab einer täglichen Eiweißmenge von 75–80 g ist eine Ergänzung durch spezielle diätische (phosphatarme) Lebensmittel zu empfehlen, s. Seite 179.

Die täglich empfohlene Eiweißmenge sollte möglichst nicht überschritten werden. So lässt sich der Phosphatspiegel im Blut am besten regulieren.

Der tägliche Eiweißbedarf wird bereits zu einem Drittel durch eine Portion Fleisch von etwa 120 g Rohgewicht (ca. 90–100 g gegart) oder Fisch von etwa 150 g Rohgewicht oder zwei Eiern gedeckt. Quark, Käse, Schinken, Wurst und Ei als Brotbelag sind weitere Eiweißlieferanten. Hierbei gilt eine tägliche Gesamtzufuhr von ca. 100 g als empfehlenswert.

Neben dem wertvollen tierischen Eiweiß ergänzen pflanzliche Eiweißträger die tägliche Nahrung. Zu den pflanzlichen Eiweißträgern gehören z. B. Kartoffeln und Reis, aber auch Produkte aus Getreide wie Mehl, Brot, Grieß und Nudeln, ferner Tofu und Sojadrink ohne Phosphatzusatz.

Eiweißqualität

Tierisches und pflanzliches Eiweiß ergänzen sich wertvoll miteinander. Daher sollten tierische und pflanzliche Lebensmittel in Kombination gegessen werden.

Hierzu einige Beispiele:

Ei + Kartoffeln
Bauernfrühstück
Kartoffelauflauf mit Eiermilch

Quark + Kartoffeln
Gekochte Kartoffeln mit Quark
Kartoffeln zum Hauptgericht und eine Quarkspeise zum Nachtisch

Ei + Weizen
Brot mit Eibelag
Pfannkuchen
Gebratene Nudeln mit Ei
Kuchen

Fleisch + Weizen
Schmorbraten mit Semmelknödeln
Gulasch mit Nudeln
Frikadellen (mit Brot gelockerter Fleischteig)

Fisch + Weizen
Panierter Fisch oder Fischstäbchen
Kochfisch und eine Mehlspeise zum Nachtisch

Kalium

Für Hämodialyse-Patienten richtet sich die tägliche Kaliumaufnahme nach den Laborwerten. Wird eine kaliumarme Kost verordnet, liegt die Zufuhr bei ca. 1.900–2.300 mg pro Tag. Diese Menge ist auch von der Restausscheidung und der eigenen Toleranz eines Patienten abhängig. Eine zu hohe Kaliumaufnahme kann bis zu lebensbedrohlichen Herzrhythmusstörungen führen.

In nahezu allen Lebensmitteln kommt Kalium in unterschiedlicher Menge vor.

Dazu einige Beispiele:

- Besonders kaliumreiche Lebensmittel sind Kartoffeln, Broccoli, Tomatenmark, Bananen, Weintrauben, Steinobst, Hülsenfrüchte, Nüsse, Fleisch, Fisch, Milch und Schokolade.
- Kaliumarme Lebensmittel sind polierter Reis, Nudeln, helles Mehl und Weißbrot, Käse, Fette, Tee, Äpfel, Birnen und Heidelbeeren, ferner Tofu, Soja- und Reisdrink ohne Phosphatzusatz.

Bei normalem Kaliumspiegel entfallen die kaliumreduzierenden Maßnahmen.

Die tägliche Kaliumzufuhr regulieren

- Besonders kaliumarme mit kaliumreicheren Lebensmitteln kombinieren.
- Die richtige Gartechnik auswählen und Koch- bzw. Konservenflüssigkeit wegschütten.
- Portionsgrößen einhalten.

Kaliumpunkte als einfaches Zählsystem

- In den Rezepten wird der Kaliumgehalt in Form von Punkten angegeben. Ein Kaliumpunkt entspricht 75 mg Kalium.
- Eine tägliche Kaliumzufuhr von etwa 1.900–2.000 mg entspricht 26 Punkten.

Kalium in der Küchenpraxis

Im Folgenden finden Sie Zubereitungstipps, die Ihnen helfen, bei Bedarf Kalium in der Kost einzusparen.

Kochen

Dazu muss ein Lebensmittel in einer ausreichenden Menge Wasser (3- bis 5-fach) gekocht werden. Hierbei geht etwa die Hälfte des Kaliums in das Kochwasser über. Dieses muss anschließend weggeschüttet werden.

Kochen von Kartoffeln

Wichtige Informationen und die entsprechende Anleitung dazu finden Sie im Rezeptteil Seite 70.

Blanchieren, Abbrühen oder Abwellen

Hierbei wird vorbereitetes zerkleinertes Obst oder Gemüse in schwach kochendes Wasser gegeben und für wenige Minuten abgebrüht. Der Kaliumverlust ist geringer als beim Kochen, ca. ein Drittel.

Schmoren

Beim Schmoren muss dem Gargut (z. B. Schmorbraten, geschmortes Kohlgemüse) eine ausreichende Menge Wasser zugegeben werden. Nur so verringert sich der Kaliumgehalt um etwa die Hälfte. Die Schmorflüssigkeit muss nach dem Garen weggeschüttet werden.

Wird die gesamte Garflüssigkeit zu einer Soße verarbeitet und vollständig mitverzehrt, enthält das Gericht den vollen Kaliumgehalt. Hierbei ist eine Portion Braten mit Soße mit dem vollen Kaliumgehalt eines gebratenen Schnitzels vergleichbar.

Tipps für die Zubereitung kaliumarmer Soßen finden Sie im Rezeptteil.

Braten, Dünsten, Frittieren, Grillen

Bei diesen Gartechniken gart das Lebensmittel unter Zugabe von Fett im eigenen Saft. Dabei kommt es zu keinem Kaliumverlust.

Tipp: Zu kurzgebratenem und gegrilltem Fleisch oder gebackenem Fisch möglichst eine kaliumarme Beilage verzehren.

Tiefkühlkost

Ein entsprechender Kaliumverlust entsteht nur, wenn das gefrorene Lebensmittel in einer ausreichenden Menge Wasser, wie zuvor beschrieben, zubereitet wird. Auch die Auftauflüssigkeit verwerfen.

Gemüse- und Obstkonserven

Nur wenn Gemüse und Obst in Wasser eingelegt sind, verringert sich der Kaliumgehalt im Vergleich zur Frischware um ca. 50 %. Die Flüssigkeit muss dabei weggeschüttet werden. Achten Sie beim Einkauf darauf, denn diese Konserven bilden die Grundlage bei den Rezepten.

Soßengrundlage für Gemüse und Salat

Zutaten für eine weiße Salatsoße sind wahlweise saure Sahne, Schmand, Crème fraîche, auch auf pflanzlicher Basis, süße Sahne, Salatcreme, wenig Mayonnaise und bei Bedarf etwas Sprudelwasser.

Eine Essig-Ölsoße kann mit wenig Wasser verlängert werden. Salatsoßen lassen sich vielfältig würzen. Statt zu salzen, sollten Sie frische Kräuter verwenden.

Obstkonserven (Obst + Wasser)

In der Flüssigkeit ist etwa die Hälfte der Kaliummenge aus der Frucht enthalten. Deswegen sollte der Saft weggeschüttet werden. Die Flüssigkeit kann gegebenenfalls durch wenig Wasser ersetzt werden, welches bei Bedarf mit Zucker oder Süßstoff und Zitronensaft abgeschmeckt werden kann. Bei Obstkonserven unter Zugabe von Fruchtsaft kommt es zu keinem Kaliumverlust, z. B. Mandarinen und Ananas.

Qualitätsverluste durch kaliumarme Maßnahmen

Durch Wässern und Verwerfen des Kochwassers werden neben dem Kalium auch viele andere Stoffe, z.B. wasserlösliche Vitamine, sowie Mineralstoffe und Spurenelemente den Lebensmitteln entzogen. Es kann somit notwendig sein, das diese Verluste durch andere vitamin- und mineralstoffreiche, kalium- und phosphatarme Lebensmittel oder Erzeugnisse (Nahrungsergänzungsmittel) ersetzt werden müssen. Befragen Sie Ihren Arzt.

Phosphat

Phosphat spielt in der Ernährung für Dialysepatienten eine wichtige Rolle. Über das Dialysat lässt sich Phosphat nur unzureichend entfernen. Infolgedessen reichert es sich bei übermäßiger Zufuhr im Körper an. Im Laufe der Zeit kommt es zu vielen Nebenwirkungen bis hin zu schmerzhaften Entkalkungen der Knochen.

Lebensmittel enthalten natürliches Phosphat und oft auch zugesetztes Phosphat, welches zur Verarbeitung eines bestimmten Lebensmittels notwendig ist, z.B. zur Herstellung von Brühwurst und Schmelzkäse.

Eiweißreiche Lebensmittel sind in der Regel auch zugleich phosphatreich. Dazu gehören: Fleisch, Fisch, Eigelb, Wurst, Schnittkäse, Weichkäse, Milch, Vollgetreide, Naturreis, Sauerteigbrot (Roggenbrot), Hülsenfrüchte, Mandeln und Nüsse.

Auf Leber, Hülsenfrüchte, den übermäßigen Verzehr von Vollkorn- und Sauerteigbrot, Kakao, Mandeln, Nüssen und Hartkäse (z.B. Emmentaler) sollte verzichtet werden.

Milch lässt sich durch ein Sahne-Wasser-Gemisch ersetzen.

Phosphatzusatzfreie Wurst sollte bevorzugt werden. Die Wurst enthält dennoch das im Fleisch in natürlicher Form vorkommende Phosphat.

Besonders phosphatreich sind normaler Kochkäse und Schmelzkäsezubereitungen, z.B. Streichkäse, geräucherter Schnittkäse in Rollenform und Pasteten. Diese Käse enthalten zugesetztes phosphathaltiges Schmelzsalz (E 339–341, E 450–452; s. Zutatenliste). Deswegen sollten sie nicht verzehrt werden.

Herkömmliches Backpulver sollte, insbesondere bei Liebhabern von Rührkuchen, gegen selbst gemachtes Backpulver aus Natron und Essig oder Zitronensaft ausgetauscht werden *(s. Backstube für süße und pikante Leckereien)*.

Regulation der täglichen Phosphataufnahme

- Maßvolle Zufuhr eiweißreicher Lebensmittel.
- Vermeiden besonders phosphatreicher Lebensmittel sowie phosphathaltiger Zusatzstoffe.
- Phosphatbinder nach Anweisung des Arztes einnehmen.

Phosphatpunkte als einfaches Zählsystem

- In den Rezepten wird der Phosphatgehalt in Form von Punkten angegeben. Ein Phosphatpunkt entspricht 50 mg Phosphor (aus Phosphat umgerechnet).
- Die tägliche Phosphatzufuhr sollte 24 Phosphatpunkte nicht überschreiten. Das entspricht einer Menge von 1.200 mg Phosphor pro Tag.

Brühwurstherstellung

Bei der Herstellung von Brühwursterzeugnissen werden in der Regel Stabilisatoren zugesetzt, damit die Wurst die zu erwartende Struktur aufweist.

Die nach der Zusatzstoff-Zulassungsverordnung zulässige Verwendung von Di-, Tri- und Polyphosphaten (E 450, 451, 452) ist auf 5 g pro 1.000 g Fleischerzeugnis beschränkt.

Da die zugesetzten Verbindungen unterschiedliche Phosphatmengen enthalten, wurde vom Gesetzgeber die Umrechnung aller phosphorhaltigen Stoffe einheitlich auf Phosphorpentoxid (P_2O_5) vorgeschrieben.

Bei Ausschöpfung der maximal zugelassenen Phosphatzusätze können Brühwürste (Fleischwurst, Lyoner u.a.) neben dem natürlichen Phosphatgehalt pro 100 g zusätzlich bis zu 500 mg Phosphate enthalten. Dies entspricht einem Phosphorgehalt von 109 mg.

Tipps für den Einkauf von Brühwurst

Brühwürste werden in der Regel mit Phosphatzusätzen hergestellt. Dies muss mit dem Hinweis „mit Phosphat“ gekennzeichnet sein.

Bei konfektionierten Würsten ist die Phosphatzugabe auf der Banderole vermerkt, bei loser oder Aufschnittware müssen diese Angaben auf einer Tafel dem Verbraucher gegenüber kenntlich gemacht werden. Fehlt dieser Hinweis, kann man mit Sicherheit davon ausgehen, dass kein zusätzliches Phosphat verwendet wurde.

Milch-Ersatz aus Sahne und Wasser (Sahne-Milch)

Milch, Dickmilch, Joghurt, Buttermilch und Kefir haben von Natur aus einen verhältnismäßig hohen Kalium- und Phosphatgehalt. Deswegen sollte der Verzehr stark beschränkt sein. Das Gleiche gilt auch für Kaffeesahne mit 10 % Fett.

Milch-Ersatz

Dieser wird aus einer Mischung von Sahne und Wasser selbst hergestellt. Er hat im Vergleich zu Milch einen fast fünffach niedrigeren Kalium- und Phosphatgehalt.

Milch-Ersatz eignet sich für Pudding, Breie, Pfannkuchen, süße und pikante Soßen, Kartoffelbrei, Eiermilch für Aufläufe etc.

Tipps für die Küchenpraxis

Falls bei der Zubereitung eines Gerichtes zuviel Flüssigkeit verkocht ist, diese durch die Zugabe einer kleinen Wassermenge ersetzen.

Mischungsverhältnisse von Sahne und Wasser

- für kleinere Flüssigkeitsmengen = 1/3 Sahne und 2/3 Wasser,
- für größere Flüssigkeitsmengen und bei längerem Kochprozess = 1/4 Sahne und 3/4 Wasser.

Bei einigen Gerichten lässt sich sehr gut Sprudel- statt Leitungswasser verwenden (z.B. wird Pfannkuchenteig lockerer).

Sahne (süße Sahne) und **Crème fraîche** können gleichermaßen mit Wasser verdünnt und gekocht werden, ohne dass die Mischung beim Kochen gerinnt.

Saure Sahne (10 % Fett) kann nicht gekocht werden, da das enthaltene Eiweiß gerinnt. Dennoch lässt sich saure Sahne bei der Speisenzubereitung vielseitig einsetzen. Sie ist nicht nur als Grundlage verschiedener Salatsoßen geeignet, sondern lockert auch Pfannkuchenteige und Eiermassen für Aufläufe.

Weitere Alternativen zur Milch

Statt Sahne und Wasser können Sie auch auf Sojadrink, Reisdrink (auch beides in gemischter Form) oder Haferdrink zurückgreifen. Bei ausschließlicher Verwendung von Reisdrink sollten Sie etwas Sahne zugeben, um einen vollmundigen Geschmack zu bekommen. Finden Sie selber heraus, für welche Speisen Sie das entsprechende Produkt verwenden wollen.

Beachten Sie den jeweiligen Eigengeschmack der Produkte. Dies betrifft u.a. den Süßegrad bzw. den Zusatz von Salz. Beachten Sie, dass kein Phosphat und möglichst auch kein Kalzium zugesetzt wurde.

Die Drinks sind im Lebensmittelhandel und in Reformhäusern erhältlich.

Vegetarische Kost

Die Ernährungsgewohnheiten des Menschen sind ein Teil seiner Lebensphilosophie.

Für Dialysepatienten ist eine rein vegetarische Küche nicht empfehlenswert, weil die tägliche Eiweißzufuhr meist unzureichend ist, während die Kalium- und Phosphatzufuhr im Übermaß liegt.

Dazu folgende Beispiele zum Vergleich:

Hülsenfrüchte (getrocknete Bohnen, Linsen, Erbsen, Sojabohnen und daraus hergestelltes Mehl) enthalten zwar viel Eiweiß, aber gleichzeitig auch sehr viel Kalium und Phosphat.

Vollgetreide, Nüsse und Mandeln haben einen mittleren Eiweißgehalt und sind besonders kalium- und phosphatreich.

Obst, Gemüse, Salate und Kartoffeln sind eiweiß- und phosphatarm. Sie enthalten in unterschiedlicher Menge vor allem Kalium und Wasser.

Dennoch ist es möglich, die Ernährung des Dialysepatienten gelegentlich durch vegetarische Gerichte zu ergänzen. Hierbei ist die Verwendung von Tofu (Sojakäse) zu empfehlen. 100 g enthalten ca. 9 g Eiweiß.

Bio-Lebensmittel
Diese werden ohne phosphathaltige Zusatzstoffe hergestellt. Ausnahmen sind: Lezithin (E 322) bei tierischen Produkten sowie Lezithin (E 322) und Monokalziumphosphate (E 341) bei pflanzlichen Produkten

Fett in der täglichen Ernährung

Fett gibt dem Essen guten Geschmack und liefert notwendige Energie. Ein wertvoller Bestandteil der Fette sind lebensnotwendige (essenzielle) Fettsäuren, die mit der Nahrung zugeführt werden müssen, weil sie der Körper nicht selbst bilden kann.

Viele Dialysepatienten haben aufgrund ihrer Erkrankung erhöhte Blutfettwerte. Daher ist es ratsam, pflanzliche Fette mit ungesättigten Fettsäuren, u.a. Omega-3-Fettsäuren, auszuwählen.

Stark Übergewichtige sollten Fett sparsam verwenden. Untergewichtige können allgemein großzügiger mit Fett umgehen. Holen Sie sich Rat bei Ihrem Arzt.

Tipps für die Praxis

Oliven-, Raps- Walnuss- und Leinöl sowie daraus hergestellte Margarine sollten Sie den Vorzug geben.

Die Fettqualität hat einen guten Einfluss auf die Blutfettwerte.

- Öl darf beim Erhitzen nicht rauchen, denn dadurch wird die wertvolle Struktur der Fette zerstört *(Verlust von essenziellen Fettsäuren).*
- Sonnenblumen- und Maiskeimöl eignen sich besonders zum Braten.
- Versteckte Fette enthalten vorwiegend *gesättigte Fettsäuren;* diese kommen in den meisten tierischen Produkten vor und beeinflussen den Blutfettspiegel negativ. Da aber auf Fleisch, Wurst, Käse und Sahne in der Kost nicht verzichtet werden kann, sollten wahlweise fettärmere Produkte bevorzugt werden.
- Wenn das Frühstücksbrötchen mit Butter für Sie ein besonderer Genuss ist, müssen Sie nicht darauf verzichten.
- Eier sind cholesterinreich und sollten in Maßen (z. B. 2–3 Stück/Woche) auf dem Speiseplan stehen.
- Margarine und Butter haben beide den nahezu gleichen Fettgehalt (80 % Fett).
- Es gibt auch pflanzliche Streichfette in anderen Fettgehaltsstufen.
- Halbfett-Margarine eignet sich besonders als Brotbelag. Sie enthält nur die Hälfte (40 % Fett) der sonst normalen Fettmenge in Margarine, der mengenmäßig größere Anteil ist Wasser. Halbfett-Margarine ist zum Braten ungeeignet (gilt auch für Halbfett-Butter).
- Bei bestehendem Übergewicht sind Halbfett-Margarine oder ähnliche fettreduzierte Streichfette zu empfehlen.
- Mit beschichtetem Kochgeschirr bzw. Töpfen und Bratpfannen aus Gusseisen lässt sich fettsparend arbeiten.
- Gebratenes und Frittiertes möglichst mit Küchenkrepp abtupfen.
- Mayonnaise mit 80 % Fett gegen fettärmere Salatmayonnaise oder Salatcreme austauschen.
- 10 g süße Sahne enthalten rund 30 Kalorien.
- Die fettreiche Sauce Hollandaise durch eine selbstgemachte Bechamelsoße (Helle Soße) oder eine kleine Menge Margarine ersetzen.

Besprechen Sie mit Ihrem Arzt, welches Körpergewicht für Sie richtig ist.

Vermeiden Sie mit Fett überladene Mahlzeiten, denn sie fördern die Übersäuerung des Blutes.

Vielfalt des Würzens

Für Dialysepatienten ist die Kunst des Würzens besonders wichtig, um unnötiges Salzen zu vermeiden. Bei einem hohen Kochsalzverzehr steigt das Durstgefühl, Herz und Kreislauf werden zusätzlich belastet. Trotzdem kann das Essen lecker schmecken und appetitanregend sein.

Für jedes Gericht gibt es ein passendes Würzmittel. Frisch verarbeitete Lebensmittel haben einen intensiveren Eigengeschmack und bedürfen keiner Kochsalzzugabe.

Kochsalz, Gewürze und Würzmittel – kurz vorgestellt

- Kochsalz (Natriumchlorid), z.B in Form von Jodsalz oder Meersalz, ist die am meisten verwendete Zutat.
- Gewürze in Form von getrockneten Kräutern, Samen, Früchten, Blättern oder Wurzeln, im Ganzen oder pulverisiert, enthalten kein Kochsalz. Sie sind sehr intensiv im Geschmack und bedürfen nur geringer Zugabe.
- Industriell hergestellte Gewürzzubereitungen enthalten viel Kochsalz. Beispiele: gekörnte Brühe, Brühwürfel als Fleisch-, Suppen- oder Gemüsebrühe, Flüssigwürzmittel (z.B. von *Cenovis, Maggi, Wela*), Grillsalz.
- **Feinwürzmittel** sind Gewürzmischungen *(Fondor, Knorr Aromat, Topsi)*. Neben Jodsalz enthalten sie Glutamat als Geschmacksverstärker, pflanzliches Öl, Gewürzextrakte und Gewürze. Feinwürzmittel sind frei von Kochsalzersatz.

Nahrungsmittel mit hohem Kochsalzgehalt

Verarbeitete Lebensmittel und Fertigprodukte enthalten mitunter in hohem Maße Kochsalz. Dazu einige Beispiele:

- Brot; zwei Brötchen enthalten bereits 1,4 g Kochsalz
- Laugengebäck in Form von Brezeln und Brötchen; Speckbrötchen
- Räucher- und Pökelfleisch, z.B. Kasseler, roher Schinken, Dörrfleisch, Hausmacher Wurst, Salami
- Räucherfisch, eingelegter Hering, Matjes, Lachsersatz, Sardellenpaste
- Sauermilchkäse (Handkäse, Harzer Roller)
- Schafskäse, Blauschimmelkäse (z.B. Roquefortkäse)
- Verschiedene Nasskonserven (z. B. Gemüse und Eintöpfe) und Tiefkühlkost; Soßen, Suppen
- Sauerkraut, Fassbohnen
- Senf, eingelegte Oliven
- Knabberartikel wie Chips, Salz- und Käsegebäck
- Cornflakes haben einen recht hohen Kochsalzgehalt.
  Eine Portion Cornflakes mit Sahne-Milch entspricht dem Kochsalzgehalt eines mit Wurst oder Käse belegten Brötchens.
- Essen außer Haus (Restaurant, Schnellimbiss)

Tipps, um Kochsalz einzusparen

- Unverarbeitete Lebensmittel wie Fleisch, Fisch und Gemüse, in frischer oder tiefgefrorener Form, selber zubereiten.
- Beim Kochen auf die Zugabe von Kochsalz verzichten. Eventuell erst nach dem Kochen einige Körnchen Salz über das Essen streuen.
- Essen, insbesondere Essen außer Haus, nicht nachsalzen.
- Mild gesalzene Wurst- und Käsesorten bevorzugen: Geflügelwurst, gekochter Schinken, Frischkäse, körniger Frischkäse, Butterkäse, junger Gouda und Mozzarella.
- Salzreichen Käse einige Zeit in Milch oder Wasser einlegen.
- Kalten Braten als Brotbelag selber zubereiten.
- Brotmahlzeiten durch Reis- oder Nudelgerichte ersetzen.
- Salatsoßen selbst zubereiten. Essig und Öl mit Eigengeschmack (z. B. Apfelessig, Walnussöl) verwenden.
- Süßer Senf wird ohne Salz hergestellt.
- Matzen bezeichnet eine ungesäuerte knäckebrotartige zu empfehlende Brotsorte ohne Salzzusatz. Erhältlich im Lebensmittelhandel.
- Mineralwasser mit max. 20 mg Natrium pro Liter auswählen.

Kleine Würztricks

- Frische Küchenkräuter, z. B. Dill, Schnittlauch und Petersilie, verwenden. Der Kaliumgehalt liegt pro 100 g zwar sehr hoch, aber für eine Salatsoße werden normalerweise nur ein bis drei Gramm benötigt.
- Trockenkräuter wie Majoran, Thymian, Oregano und Salbei können nach Geschmack verwendet werden.
- Gewürze, z. B. Pfeffer, auch gemahlener bunter Pfeffer, Paprika, Muskat, Curry und Kümmel, nach Geschmack zugeben.
- Knoblauch verstärkt das Durstgefühl. In den Rezepten dieses Kochbuches verwende ich daher keinen Knoblauch.
  Salat-Tipp: Die Salatschüssel zuvor mit einer Knoblauchzehe ausreiben.
  Tipp für Pfannengerichte: Knoblauchzehe in Scheiben schneiden, in dem Fett vorab goldgelb braten und entfernen. Der Knoblauchgeschmack geht auf das Bratfett über. Nunmehr wird das eigentliche Gericht zubereitet.
- Zitronensaft und Essig - kleinste Mengen, auch kombiniert verwendet, heben bei sehr vielen Gerichten, insbesondere Salatsoßen, den Geschmack. Der Kaliumgehalt muss aufgrund geringfügig zugegebener Mengen nicht besonders berücksichtigt werden.
- Eine kleine Prise Zucker rundet den Geschmack vieler pikanter Speisen ab.
- Zwiebelwürfel schmecken intensiver, wenn sie zuvor in Fett goldgelb angeschwitzt werden.
- Saure Sahne, Schmand und Crème fraîche verfeinern bereits bei Zugabe kleinster Mengen den Geschmack.

Zu empfehlen ist

- *Cenovis natriumarme Klare Gemüsebrühe* mit nur geringem Salzanteil. Erhältlich im Reformhaus.

Kochsalz und Durstgefühl

- Bei mangelnder oder fehlender Restausscheidung sammelt sich unerwünschtes Körperwasser an, belastet Herz und Kreislauf und fördert den Bluthochdruck.
- Eine zu hohe Kochsalzzufuhr verstärkt das Durstgefühl.
- 6 g Kochsalz werden insgesamt pro Tag empfohlen.
- Kochsalz bindet im Körper Wasser (8 g binden einen Liter Wasser).
- Gehen Sie sparsam mit Salz um.

Kochsalzersatz (Kaliumchlorid)

Kochsalzersatzmittel sind für Dialysepatienten verboten, da sie kein gewöhnliches Kochsalz (Natriumchlorid) enthalten, sondern statt dessen in hohem Maße aus Kaliumchlorid bestehen.

Da es sich bei Kochsalzersatzmitteln um ein diätetisches Produkt handelt, unterliegen sie einer speziellen Verordnung des Lebensmittelrechtes (DiätVO).

Auf allen Produkten muss ein besonderer Vermerk stehen:

„Bei Störungen des Kaliumhaushaltes, insbesondere bei Niereninsuffizienz, nur nach ärztlicher Beratung verwenden."

In Apotheken, Drogerien, Reformhäusern und Reformabteilungen der Lebensmittelmärkte gibt es eine Vielzahl an Kochsalzersatzmitteln mit unterschiedlicher Namensgebung.

Die Namensbezeichnug dieser Produkte lässt nicht immer auf den ersten Blick erkennen, dass für das Kochsalzersatzmittel „Kaliumchlorid" verwendet wurde. Deswegen muss die Zutatenliste sorgfältig gelesen werden.

Beispiele für einige im Handel erhältliche Kochsalzersatzmittel oder Halbsalze

- *Brecht Diät-Salz, streng natriumarm, mit Kochsalzersatz*
- *Brecht Diät-Gewürzsalz*
- *Sina Salz*
- *Disal LeichtSalz* (Es besteht zu je 50 % aus Kochsalz und Kaliumchlorid)

Wichtiger Hinweis!

Lesen Sie sorgfältig die Zutatenliste von allen im Handel erhältlichen Produkten.

Fleischgerichte werden gern gegessen und lassen sich abwechslungsreich zubereiten. Fleisch enthält viel wertvolles Eiweiß, aber auch Kalium und Phosphat.

Der Phosphatanteil einer Portion Fleisch ist im Wesentlichen von der Portionsgröße abhängig *(s. Phosphat)*, während sich der Kaliumgehalt durch Kochen und „Schmoren" verringern lässt. Somit ist es von Bedeutung, den Kaliumgehalt von Fleischgerichten durch küchentechnische Maßnahmen zu verringern.

Koch- und Schmorbratenfleisch

Die Fleischstücke werden unter Zugabe von Wasser gegart. Kalium geht teilweise in das Kochwasser bzw. den Bratensaft über. Je nach Wassermenge kann dies bis zur Hälfte der gesamten Kaliummenge sein.

In meinen Versuchen habe ich jeweils ein Kilogramm Fleisch, sowohl klein geschnitten als auch im Ganzen, in zwei Litern Wasser gegart. 50 % des Kaliumgehaltes sind in das Kochwasser übergegangen.

Beim Verzehr von Braten- oder Schmorfleisch mit der bei der Zubereitung entstandenen Soße muss der volle Kaliumgehalt der Fleischportion angerechnet werden.

Wird der Bratensaft mit relativ viel Wasser verdünnt, sind drei Esslöffel Soße ohne Anrechnung auf den Kaliumgehalt möglich.

Gegrilltes und kurzgebratenes Fleisch

Bei diesen Garmethoden kommt es zu keinem Kaliumverlust. Daher empfiehlt es sich, eine kaliumarme Beilage dazu zu essen. Beispiele hierfür sind Hähnchenschenkel, Kotelett, Schnitzel, Filet und Frikadelle.

Zutaten für selbst hergestellte Soßen

- **Soßengrundlage** ist ein Gemisch aus **Sahne oder Crème fraîche und Wasser.**
- **Mehl, Stärkemehl oder Soßenbinder** (ohne Zusatz von Phosphat) können zum Binden der Soße eingesetzt werden.

Geschmacksgebende Zutaten

Die geschmackliche Note einer Soße lässt sich auch ohne die Zugabe von Kochsalz und mit verschiedenen Gewürzen und Kräutern variieren. Hierzu einige Vorschläge:

- **Gebräunte Zwiebel** und **vegetarischer Brotaufstrich** *(s. Brotbelag)* geben bei Zugabe kleiner Mengen einen herzhaften Geschmack.
- **Fette Speckwürfel** können in geringem Maße verwendet werden.
- **Dörrfleisch** sollte nach dem Anbraten aus dem Bratfett genommen werden. Der Rauchgeschmack geht in das Bratfett über, jedoch bleibt der hohe Salzgehalt draußen.
- **Sauerbratensoße** kann mit der Beize hergestellt werden.
- **Pilzsoße** sollte nur mit einem kleinen Anteil Pilze aus Konserven (ohne Pilzwasser) zubereitet werden. Frische, tiefgekühlte und getrocknete Pilze haben einen sehr hohen Kaliumgehalt.
- **Honig** eignet sich zum Einreiben für Schweinekrustenbraten.
- Eine **Lebkuchensoße** lässt sich mit echtem Lebkuchen (einfache Qualität, ohne Zugabe von Mandeln und Nüssen) zubereiten und schmeckt sehr lecker zu gekochtem Karpfen.

FLEISCH, WURST

Gekochtes Rindfleisch mit Schnittlauchsoße (kalt)

Zutaten für 1 Portion:
120 g Tafelspitz (80–90 g gegart)

Für die Schnittlauchsoße:

50 g	saure Sahne
5 g	Salatmayonnaise
1 TL	Sprudelwasser
	wenig Senf
	Pfeffer
	wenig Zitronensaft
1 kl. Prise	Zucker
5 g	Schnittlauchröllchen

Zubereitung:
Rindfleisch kochen. Die Zutaten für die Soße verrühren und zum heißen Fleisch servieren.

Um möglichst viel Kalium aus dem Fleisch zu entfernen, sollte man es in kaltem Wasser aufsetzen und langsam hocherhitzen, damit die Fleischporen möglichst lange offen bleiben.

1 Portion gekochtes Rindfleisch mit Schnittlauchsoße:
240 kcal ▪ 27 g E ▪ 0 BE
4 K-Punkte ▪ 5,5 P-Punkte

1 Portion Schnittlauchsoße:
60 kcal ▪ 2 g E ▪ 0 BE
1,5 K-Punkte ▪ 1 P-Punkt

Fleischspieße mit Soße

Zutaten für 2 Portionen:

200 g	Schweineschnitzel
100 g	Zucchini
50 g	Zwiebeln
15 g	Öl
	Pfeffer
1 Tasse	Wasser
30 g	Sahne
10 g	Soßenbinder (ohne Phosphatzusatz) oder Mehl

Zubereitung:
Fleisch in Stücke schneiden. Zucchini in dicke Scheiben schneiden. Zwiebel schälen, halbieren und die einzelnen Zwiebelschichten lösen.

Fleisch, Zucchini und Zwiebeln abwechselnd auf die Spieße stecken.

Öl in einem flachen Bräter erhitzen und die Spieße darin zehn Minuten unter Wenden braten, währenddessen mit Pfeffer würzen. Spieße herausnehmen und warm stellen.

Das Bratfett mit Wasser und Sahne ablöschen. Soßenbinder unter Rühren einstreuen und die Soße fertig stellen.

Tipp: Reis oder Nudeln sind eine ideale Stärkebeilage. Dazu: kaliumarmer Salat nach Wahl

1 Portion:
250 kcal ▪ 24 g E ▪ 0,5 BE
5,5 K-Punkte ▪ 4 P-Punkte

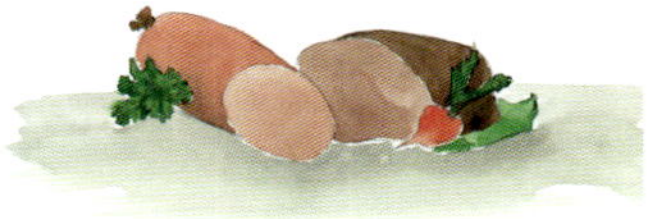

Schweinefleisch, süßsauer

Zutaten für 2 Portionen:

150 g	mageres Schweinefleisch
15 g	Öl
1/8 l	Wasser
100 g	grüne Paprikaschote
100 g	rote Paprikaschote
20 ml	süße Sojasoße
20 g	Honig
20 ml	halbtrockener Sherry
1/2 EL	Essig
100 g	Ananasstücke, Dose, abgetropft
50 g	Bohnenkeimlinge, Dose oder Glas, abgetropft
10 g	Speisestärke

Zubereitung:
Fleisch unter fließend kaltem Wasser abspülen, trocken tupfen und in Streifen schneiden. Öl in einem Bratentopf erhitzen. Darin das Fleisch von allen Seiten anbraten, abschmecken und etwas Wasser zugeben. Bei geschlossenem Deckel ca. acht Minuten schmoren lassen.

Paprika in Streifen schneiden. In eine ausreichende Menge kochendes Wasser geben und drei Minuten leicht köcheln lassen. In ein Sieb abschütten und mit kaltem Wasser abspülen. Gemüse zum Fleisch geben, restliches Wasser zugießen und weitere acht Minuten schmoren lassen.

Sojasoße, Honig, Sherry und Essig zur Soße geben. Ananas zusammen mit den Keimlingen unter das Fleisch mischen und kurz mitschmoren lassen. Speisestärke mit wenig kaltem Wasser anrühren und die Soße damit binden.

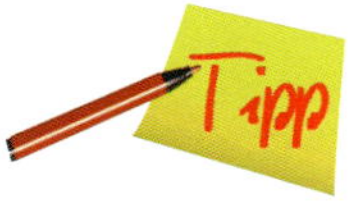

Falls Sie frische Bohnenkeimlinge verwenden, sollten Sie diese zuvor eine Minute in kochendem Wasser abwellen. Statt Bohnenkeimlingen können Sie auch Weiß- oder Chinakohl verwenden. Den Weißkohl zuvor in kochendem Wasser abwellen.
Den Salzgehalt der Sojasoße beachten.

1 Portion:
290 kcal ▪ 20 g E ▪ 2,5 BE
6 K-Punkte ▪ 4 P-Punkte

Königsberger Klopse mit Kapernsoße

Zutaten für 4 Portionen:

1	Brötchen vom Vortage (50 g)
400 g	Rindergehacktes
30 g	gehackte Zwiebeln
1	kl. Ei
	Pfeffer

Für die Kochbrühe:

1,5 l	Wasser
1	Lorbeerblatt
30 g	Zwiebeln
	einige Pfefferkörner
1 Scheibe	Zitrone

Für die Kapernsoße:

20 g	Margarine
20 g	Mehl
300 ml	Kochbrühe
10 g	eingelegte Kapern
	etwas Zitronensaft
1 Prise	Zucker

Zubereitung:
Brötchen in kaltem Wasser einweichen und ausdrücken. Hackfleisch, Zwiebeln und Ei zugeben und mild würzen. Kochbrühe zubereiten. Klopse formen und etwa 20 Minuten darin gar ziehen lassen.

Aus Margarine und Mehl eine helle Schwitze herstellen, mit der Kochbrühe ablöschen, zu einer Soße verkochen und mit Kapern, Zitronensaft und Zucker abschmecken.

Beim Würzen den Salzgehalt der Kapern berücksichtigen. Dazu: gekochter Reis und Kopfsalat
Lässt sich auch fertig zubereitet tiefkühlen.

1 Portion:
320 kcal ▪ 26 g E ▪ 1 BE
2 K-Punkte ▪ 5 P-Punkte

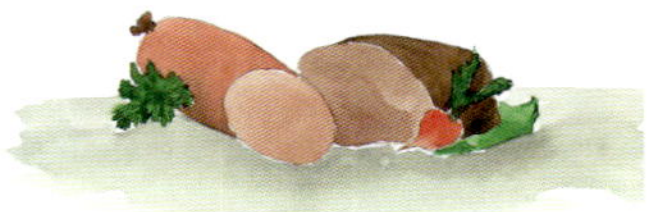

Frikadellen

Zutaten für 2 Portionen:

200 g	Rindergehacktes
1/2	Brötchen vom Vortage (25 g)
1	kl. Ei
5 g	gehackte Zwiebeln
	Pfeffer
15 g	Öl

Für die Soße:

8 g	Soßenbinder (ohne Phosphatzusatz) oder Mehl

Zubereitung:
Brötchen in kaltem Wasser gut einweichen, ausdrücken, mit Hackfleisch, Ei und Zwiebeln gut vermengen. Mit Pfeffer abschmecken und vier Frikadellen formen.

In einer beschichteten Pfanne Fett erhitzen und das Fleisch von beiden Seiten bei mittlerer Hitze und angeschobenem Deckel braun braten. Aus der Pfanne nehmen und warm stellen.

Den Bratensatz mit einer Tasse Wasser loskochen. Mit Soßenbinder zu einer Soße verarbeiten.

Kaliumarme Stärkebeilage dazu auswählen.

1 Portion:
370 kcal ▪ 26 g E ▪ 1 BE
3 K-Punkte ▪ 5 P-Punkte

Hackfleisch mit Kraut

Zutaten für 2 Portionen:

200 g	Rindergehacktes
30 g	Zwiebeln
10 g	Öl
	Pfeffer
	Kümmel
150 ml	Wasser
250 g	Weißkraut

Zum Verfeinern:

20 g	saure Sahne

Zubereitung:
Öl in einem Bräter erhitzen. Hackfleisch und fein geschnittene Zwiebeln darin anbraten, würzen und mit Wasser auffüllen. Bei geschlossenem Deckel zehn Minuten schmoren lassen.

Weißkraut in Streifen schneiden und in leicht kochendem Wasser fünf Minuten abwellen. In ein Sieb abschütten. Kraut zum Hackfleisch geben und weitere zehn Minuten bei geschlossenem Deckel schmoren lassen. Bei Bedarf nochmals abschmecken.

Mit einem Klecks saure Sahne servieren.

1 Portion:
310 kcal ▪ 25 g E ▪ 0 BE
6 K-Punkte ▪ 5 P-Punkte

Tipp

Kümmel gibt Eigengeschmack. Dazu: gekochte Kartoffeln oder kaliumarmer Kartoffelbrei

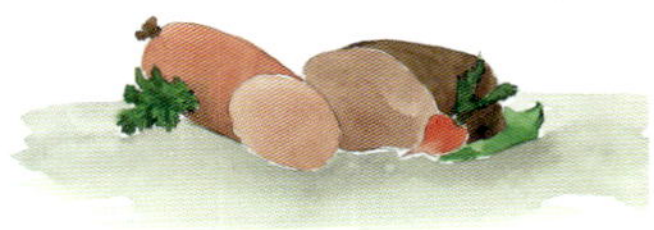

Gefüllte Paprika

Zutaten für 1 Portion:

150 g	Paprikaschote, längs halbiert

Für die Füllung:

20 g	Reis
100 g	Rindergehacktes
5 g	gehackte Zwiebeln
3 g	Öl
	Pfeffer
	Paprika
	Oregano
3 g	Margarine für die Form
15 g	geriebener mittelalter Goudakäse

Zubereitung:
Reis als Quellreis zubereiten. Er soll noch bissfest sein.
Paprikafleisch in einer ausreichenden Menge Wasser drei Minuten kochen, herausnehmen und mit kaltem Wasser abspülen.

Öl in eine Kasserolle geben, Zwiebeln darin glasig werden lassen, Hackfleisch zugeben, leicht anbraten und würzen. Mit dem gekochten Reis vermischen, bei Bedarf noch eine kleine Menge Wasser zugeben und die Mischung in die Schotenhälften füllen.

Eine Auflaufform mit Margarine leicht einfetten. Die Paprikaschoten hineinsetzen und eine halbe Tasse heißes Wasser auf den Boden der Form gießen. Mit geschlossenem Deckel im vorgeheizten Backofen bei 200 °C ca. 20 Minuten garen. Danach mit dem Käse bestreuen und weitere 10 Minuten ohne Deckel überkrusten.

Tipp

Den Bratensaft können Sie mit wenig Wasser verlängern und zu einer Soße verarbeiten. Der Kaliumgehalt erhöht sich dadurch nicht.

Dazu: gekochter Reis

1 Portion:
420 kcal ▪ 29 g E ▪ 1,5 BE
5,5 K-Punkte ▪ 6,5 P-Punkte

Bratwurstklößchen mit Risi-Bisi

Zutaten für 2 Portionen:

180 g	ungebrühte Kalbsbratwurst, fein
2 g	gehackte Kräuter (Petersilie, Schnittlauch)
1	Lorbeerblatt

Für die Soße:

5 g	Margarine
7 g	Mehl
100 ml	Kochbrühe
10 g	Crème fraîche
	wenig Zitronensaft

Für das Risi-Bisi:

120 g	Reis
75 g	Erbsen, Dose, abgetropft

Zubereitung:
Kalbsbrät mit den Kräutern vermengen und kleine Klößchen daraus formen. Dreiviertel Liter Wasser mit dem Lorbeerblatt zum Kochen bringen und die Klößchen 15 Minuten bei schwacher Hitze darin ziehen lassen.

Margarine und Mehl in einer Kasserolle farblos anschwitzen, mit der Kochbrühe ablöschen und zu einer Soße verkochen. Mit Crème fraîche und Zitronensaft verfeinern. Zusammen mit den Klößchen servieren.

Reis in der doppelten Wassermenge ankochen und bei geringer Hitzezufuhr ca. 20 Minuten ausquellen lassen. Erbsen kurz vor Ende der Garzeit zum Reis geben und erhitzen.

Tipp

Anstelle von Crème fraîche können Sie auch pflanzliche Varianten (ohne Phosphatzusatz) einsetzen.

Sie können Salz einsparen, in dem Sie frisches Hackfleisch und frische oder tiefgekühlte Erbsen auswählen.

1 Portion Bratwurstklößchen mit Risi-Bisi:
290 kcal ▪ 10 g E ▪ 0 BE
2,5 K-Punkte ▪ 3,5 P-Punkte

1 Portion Risi-Bisi:
230 kcal ▪ 6 g E ▪ 5 BE
1 K-Punkt ▪ 2 P-Punkte

Putenschnitzel mit Currysoße und Fruchtbeilage

Zutaten für 1 Portion:

100 g	Putenschnitzel
	Pfeffer
10 g	Margarine

Für die Currysoße:

1 Msp.	Curry
80 ml	Wasser zum Ablöschen
10 g	Crème fraîche, 30 % Fett
3 g	Stärkemehl
	wenig Zitronensaft
1 kl. Prise	Zucker

Für die Fruchtbeilage:

50 g	Pfirsich- oder Birnenhälfte, Dose, abgetropft
5 g	Butter
1–2 EL	Wasser

Zubereitung:
Bratfett in einer beschichteten Pfanne erhitzen und das Fleisch darin von jeder Seite goldbraun braten, dabei leicht würzen. Schnitzel aus der Pfanne nehmen und warm stellen.

Curry in das nicht mehr allzu heiße Bratfett geben und kurz anschwitzen. Wasser und Crème fraîche zugeben, Stärkemehl mit etwas kaltem Wasser anrühren, zufügen und zu einer Soße verkochen. Mit Zitronensaft abschmecken und mit Zucker abrunden.

Für die Fruchtbeilage: Butter in einer kleinen Kasserolle zerlassen, Pfirsich zugeben und darin schwenken. Zum Schluss Wasser zugeben und bei geschlossenem Deckel die Frucht erhitzen. Zum Schnitzel servieren.

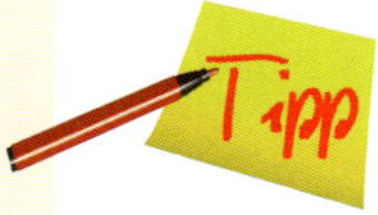

Sie können auch Schweinefleisch auswählen oder Geschnetzeltes daraus zubereiten.

1 Portion:
290 kcal ▪ 25 g E ▪ 1 BE
5 K-Punkte ▪ 4 P-Punkte

Gebratene Hühnerbrust mit Sommersalat

Zutaten für 2 Portionen:

200 g	Hähnchenbrustfilet
	Pfeffer
10 g	Öl
100 g	Eisbergsalat
30 g	Frühlingszwiebeln
50 g	Mandarinen, Dose, abgetropft (in Wasser eingelegt)

Für die Salatsoße:

40 g	Salatmayonnaise
	Zitronensaft nach Geschmack
1 EL	Sprudelwasser
	Pfeffer
1 Prise	Zucker
2 g	Kresse

Zubereitung:
Öl in einer beschichteten Pfanne erhitzen. Das Hähnchenfleisch darin von beiden Seiten hellbraun braten, mild würzen, erkalten lassen und schräg in Streifen schneiden.

Eisbergsalat zerpflücken, Frühlingszwiebeln klein schneiden und mit den Mandarinen vermischen. Das Fleisch darauf anrichten.

Die Zutaten für die Salatsoße verrühren, über dem Salatteller verteilen und zum Schluss die Kresse darüber streuen.

Dazu: Stangenweißbrot oder Fladenbrot

1 Portion:
280 kcal ▪ 25 g E ▪ 0,5 BE
6 K-Punkte ▪ 4,5 P-Punkte

Hühnerfrikassee in Blätterteigpastete

Zutaten für 2 Portionen:

140 g	gekochtes Hühnerfleisch (ca. 200 g Rohgewicht)
5 g	Margarine
7 g	Mehl
125 ml	Hühnerbrühe (selbst hergestellt)
20 g	Sahne oder Crème fraîche
	wenig Zitronensaft
100 g	Spargelabschnitte oder Champignons, Dose, abgetropft
4	Blätterteigpasteten, je 25 g

Zubereitung:
Hühnerfleisch in Würfel schneiden.

Margarine und Mehl in einem Topf hell anschwitzen, mit Hühnerbrühe ablöschen und zu einer Soße verkochen. Mit Sahne und Zitronensaft (evtl. auch wenig Weißwein) verfeinern, Fleisch und Spargel zugeben.

Blätterteigpasteten im Backofen heiß werden lassen und mit dem Frikassee füllen.

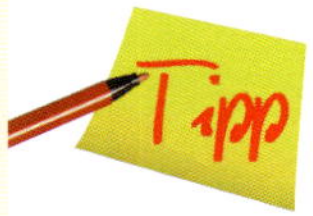

Statt Hühnerfleisch können Sie auch Kalbfleisch nehmen. Es lässt sich auch Frikassee aus Dosen verarbeiten; hierbei ist jedoch der Salzgehalt zu berücksichtigen.

Blätterteigpasteten sind besonders kaliumarm. Dazu schmeckt grüner Salat.

1 Portion:
480 kcal ▪ 27 g E ▪ 2,5 BE
4 K-Punkte ▪ 5,5 P-Punkte

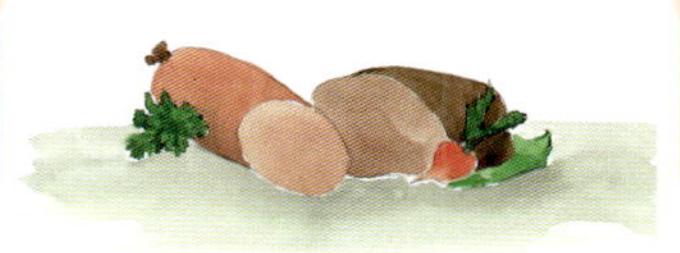

Geflügelrisotto

Zutaten für 2 Portionen:

120 g	Reis, poliert, parboiled, roh
200 g	Hähnchenbrustfilets oder Putenbrust
	Pfeffer
	Majoran
	getrockneter Salbei
5 g	sehr fein gehackte Zwiebeln
20 g	Margarine
100 g	Erbsen, Dose, abgetropft
50 g	Champignons, Dose, abgetropft
50 g	Sahne
20 ml	Weißwein

Zubereitung:
Reis in der doppelten Menge Wasser garen.

Hähnchenbrustfilets waschen, trocken tupfen und in schmale Streifen schneiden. Mit Pfeffer, Majoran und fein zerriebenem Salbei würzen. In einer beschichteten Pfanne einen Teil der Margarine erhitzen und darin das Fleisch zusammen mit den Zwiebeln hellbraun braten. Anschließend alles aus der Pfanne nehmen.

Restliche Margarine in die Pfanne geben, Erbsen und Champignons zugeben, mit Pfeffer abschmecken. Sahne und Weißwein zugeben und kurz erhitzen.

Zum Schluss mit dem gekochten Reis und dem gebratenen Fleisch vermischen.

Tipp

Dazu: eine kleine Portion grüner Salat mit Essig-Ölsoße

1 Portion:
500 kcal ▪ 32 g E ▪ 4 BE
7 K-Punkte ▪ 6,5 P-Punkte

Geflügel-Obst-Spieße

Zutaten für 2 Portionen:

150 g	Hähnchenbrustfilet
80 g	Ananasscheiben, Dose, abgetropft
50 g	Apfelschnitzel mit Schale
4	Schaschlikspieße
	Pfeffer, Curry
20 g	Öl

Für die Soße:

50 ml	Ananassaft, Dose
50 ml	Wasser
4 g	Stärkemehl

Zubereitung:
Hähnchenfleisch unter kaltem Wasser abspülen, mit Küchenpapier trocken tupfen und in walnussgroße Stücke schneiden. Ananas vierteln, Apfel in entsprechend große Stücke schneiden. Alles abwechselnd auf die Spieße reihen und würzen.

Fett in einer beschichteten Pfanne erhitzen und die Spieße darin braten.

Bratensatz mit Wasser loskochen, Ananassaft mit Stärkemehl anrühren und alles zu einer Soße verarbeiten.

Wenn die Spieße gegrillt werden sollen, müssen sie zuvor leicht mit Öl eingepinselt werden. Dazu: Reis oder Baguette-Brötchen und Kopf- oder Eisbergsalat

1 Portion:
280 kcal ▪ 17 g E ▪ 2 BE
4 K-Punkte ▪ 3 P-Punkte

Geflügel-Reissalat

Zutaten für 2 Portionen:

80 g	gekochtes Hühnerfleisch (ca. 100 g Rohgewicht)
50 g	Reis
50 g	Spargelabschnitte, Dose, abgetropft
25 g	Champignons, geschnitten, Dose, abgetropft
30 g	Ananaswürfel, Dose, abgetropft

Für die Salatsoße:

50 g	Sahne
25 g	Crème fraîche
	Zitronensaft nach Geschmack
20 ml	Ananassaft, Dose
	Pfeffer
1 Msp.	Curry

Zubereitung:
Den Reis in 100 ml Wasser 18–20 Minuten quellen und danach abkühlen lassen. Hühnerfleisch und Spargel klein schneiden.

Die Salatsoße herstellen, alle Zutaten miteinander vermischen und gut durchziehen lassen.

1 Portion:
310 kcal ▪ 15 g E ▪ 2,5 BE
2,5 K-Punkte ▪ 2,5 P-Punkte

Fleischsalat

Zutaten für 2 Portionen:

50 g	gekochtes Rindfleisch (ca. 80 g Rohgewicht)
30 g	Gewürzgurke
15 g	Apfel, auch mit Schale
50 g	rote Paprikaschote
30 g	Reis

Für die Salatsoße:

30 ml	Gurkenbrühe
	Pfeffer
3 g	Olivenöl

Zubereitung:
Fleisch, Gewürzgurke, Apfel und Paprika in Streifen schneiden. Paprika in 1/2 Liter kochendem Wasser fünf Minuten abwellen, in ein Sieb geben, mit kaltem Wasser abspülen und gut abtropfen lassen. Reis in der doppelten Menge Wasser garen.

Die Salatsoße herstellen, mit allen Zutaten vermischen und gut durchziehen lassen.

1 Portion:
280 kcal ▪ 20 g E ▪ 2,5 BE
4 K-Punkte ▪ 4 P-Punkte

Fleischsülze mit Remouladensoße

Zutaten für 1 Portion:

120 g	Fleischsülze, z. B. Eisbeinfleisch in Aspik

Für die Remouladensoße:

15 g	Gewürzgurke
15 g	Apfel, auch mit Schale
	einige Kapern
50 g	saure Sahne
10 g	Salatmayonnaise
	Pfeffer
	etwas Gurkenbrühe

Zum Bestreuen:

2 g	fein geschnittener Schnittlauch oder Dill

Zubereitung:
Gewürzgurke und Apfel grob raffeln. Kapern hacken. Mit den übrigen Soßenzutaten vermischen. Mit Schnittlauch oder Dill bestreuen und servieren.

Den Salzgehalt der Fleischsülze, Gewürzgurke und Kapern berücksichtigen. Dazu schmecken kaliumarme Bratkartoffeln.

1 Portion Fleischsülze mit Remouladensoße:
380 kcal ▪ 20 g E ▪ 0,5 BE
3,5 K-Punkte ▪ 4 P-Punkte

1 Portion Remouladensoße:
120 kcal ▪ 2 g E ▪ 0,5 BE
1,5 K-Punkte ▪ 1 P-Punkt

Fisch stellt eine willkommene Abwechslung im Speisenplan dar. Er ist eiweißreich, leicht bekömmlich und schnell zubereitet. Statt Frischfisch lässt sich auch Tiefkühlfisch (ungesalzen) verarbeiten.

Der Kalium- und Phosphatgehalt von Fisch liegt ähnlich hoch wie bei Fleisch. Der Kaliumgehalt lässt sich jedoch durch Garziehen (Kochen) vermindern. Beispiele für typische Kochfischgerichte sind: Fischklößchen, gekochter Schellfisch und Karpfen blau.

Bei einigen Fischzubereitungen muss der Salzgehalt besonders beachtet werden. Dazu gehört z. B. Heringssalat. Wer dennoch gesalzenen Fisch essen will, sollte ihn vorher für einige Zeit in Wasser oder Milch einlegen (z. B. Matjes).

FISCH, MEERESFRÜCHTE

Fischfilet, paniert

Zutaten für 1 Portion:

120 g	Seelachsfilet
	wenig Zitronensaft
15 g	verschlagenes Ei
10 g	Semmelbrösel
15 g	Margarine

Zum Garnieren:

1	Zitronenachtel

Zubereitung:
Fischfilet unter fließendem Wasser behutsam waschen, mit Küchenpapier trocken tupfen und mit Zitronensaft beträufeln. Danach zuerst in Ei und anschließend in Semmelbröseln wenden. In einer beschichteten Pfanne Fett erhitzen und den panierten Fisch darin goldbraun backen. Mit Zitrone garnieren.

Zitronensaft macht das Fischfleisch fest. Auf eine kaliumarme Beilage achten.

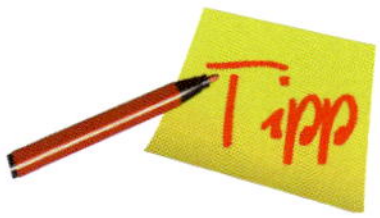

Kinder dürfen sich natürlich auch auf selbst gemachte Fischstäbchen freuen.

1 Portion:
270 kcal ▪ 25 g E ▪ 1 BE
6,5 K-Punkte ▪ 8 P-Punkte

Schlemmertoast

Zutaten für 2 Portionen:

50 g	Weizen-Toastbrot
50 g	Schlagsahne
1	gestrichener TL Sahnestandmittel
5 g	sehr fein gehackte Zwiebeln
	Pfeffer
100 g	eingelegte Shrimps, abgetropft
2 g	Dillspitzen
50 g	mittelalter Goudakäse

Zubereitung:
Das Brot im Grill von einer Seite leicht vortoasten, etwas abkühlen lassen. Sahne sehr steif schlagen, dabei Sahnestandmittel zugeben, anschließend mit den gehackten Zwiebeln und Pfeffer abschmecken und die Sahnemasse auf die ungetoasteten Brotseiten streichen. Shrimps auf der Sahne verteilen und mit Dill bestreuen. Den Käse darüber legen. Einige Minuten in den vorgeheizten Grill geben, bis der Käse verläuft oder im vorgeheizten Backofen bei 200–220 °C überbacken.

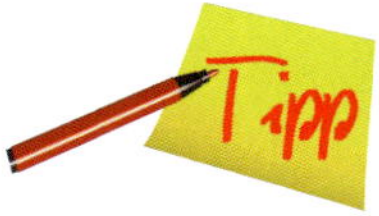

Falls die Shrimps zu salzig sind, für einige Zeit in Wasser oder Milch einlegen. Wenn genug Spielraum für die Kaliumzufuhr bleibt, geben 10 g Meerrettich, Glas oder Tube, der Sahnemasse einen geschmacklichen Pfiff (55 mg Kalium).

1 Toast:
280 kcal ▪ 17 g E ▪ 1 BE
2 K-Punkte ▪ 5 P-Punkte

Schellfisch mit Apfelremouladensoße

Zutaten für 2 Portionen:

250 g	Schellfisch

Für den Kochsud:

	Wasser
	Lorbeer
	Pfefferkörner
1/4	Zwiebel
	Dillzweig
	Essig oder Zitronensaft

Für die Remouladensoße:

75 g	saure Sahne
25 g	Crème fraîche
5 g	feine Zwiebelwürfel
50 g	rote Paprikaschote
50 g	Gewürzgurke
50 g	rotbackige Äpfel
	Pfeffer
	etwas Gurkenbrühe

Zubereitung:
Ein Liter Wasser mit den Gewürzen zum Kochen bringen. Fischfilet in den Kochsud geben, bei geringer Hitzezufuhr gar ziehen lassen, herausnehmen und warm stellen.

In einer kleinen Kasserolle wenig Wasser zum Kochen bringen, die Zwiebelwürfel eine Minute darin abwellen und abseihen. Paprika in feine Streifen schneiden, in eine ausreichende Menge kochendes Wasser geben und etwa acht Minuten darin köcheln lassen. In ein Sieb abschütten und mit kaltem Wasser abspülen. Gewürzgurke und ungeschälten Äpfel in feine Streifen schneiden.

Die übrigen Zutaten zu einer Salatsoße verrühren, bei Bedarf mit etwas Gurkenbrühe verlängern und abschmecken. Zwiebel, Paprika, Gewürzgurke und Äpfel zugeben und gut durchziehen lassen. Die Remouladensoße zum Fisch servieren.

Dazu: gekochte Kartoffeln

1 Portion:
290 kcal ▪ 24 g E ▪ 0,5 BE
5,5 K-Punkte ▪ 5,5 P-Punkte

Nudelauflauf mit Shrimps

Zutaten für 2 Portionen:

125 g	Bandnudeln
15 g	Zwiebelwürfel
20 g	Margarine (inkl. für die Auflaufform)
100 g	frische rote Paprika
50 g	Mais, Dose, abgetropft
50 g	Champignons, geschnitten, Dose, abgetropft
75 g	eingelegte Shrimps, abgetropft

Für die Sahne-Milch:

75 g	Sahne
50 ml	Wasser
	Pfeffer
50 g	geriebener mittelalter Goudakäse

Zum Garnieren:

2 g	Dillspitzen

Zubereitung:
Bandnudeln in reichlich Wasser nicht zu gar kochen und abtropfen lassen. Zwiebelwürfel in der Margarine glasig dünsten. Paprika in 1 cm dicke Streifen schneiden, in kochendem Wasser drei Minuten abwellen, in ein Sieb abschütten und mit kaltem Wasser abspülen. Mais, Champignons und Paprika zu den Zwiebelwürfeln geben und kurz mitschwitzen. Nunmehr Bandnudeln, Gemüse, Champignons und Shrimps vermischen und in eine leicht gefettete Auflaufform füllen. Sahne und Wasser mit Pfeffer abschmecken, Käse dazugeben und über dem Auflauf verteilen. Im vorgeheizten Backofen bei 200 °C ca. 30–40 Minuten backen.

Dill vor dem Servieren über den Auflauf streuen.

Shrimps sind weniger salzig, wenn Sie diese eine Zeit lang in Wasser oder Milch einlegen.
Der Auflauf lässt sich auch mit Kochfisch zubereiten.

1 Portion:
570 kcal ▪ 24 g E ▪ 5 BE
4,5 K-Punkte ▪ 8 P-Punkte

Curry-Fischsalat

Zutaten für 2 Portionen:

150 g	Rotbarschfilet
1 EL	Essig
1	kl. Lorbeerblatt
30 g	frische Äpfel, auch mit Schale
50 g	Gewürzgurke
30 g	eingelegte rote Paprikaschoten, abgetropft

Für die Salatsoße:

20 g	Salatmayonnaise
50 g	saure Sahne
20 g	Sahne
20 ml	Gurkenbrühe
	Curry

Zubereitung:
750 ml Wasser mit Essig und Lorbeerblatt aufkochen, vorbereitetes Fischfilet hineinlegen und bei geringer Hitze etwa zehn Minuten gar ziehen lassen. In wenig Sud zugedeckt abkühlen lassen, dann in kleine Stücke zerpflücken und in eine Schüssel geben. Äpfel, Gewürzgurke und Paprika klein schneiden und unter den Fisch mischen. Die Zutaten für die Salatsoße verrühren, mit Curry mildwürzig abschmecken, mit den übrigen Zutaten vermischen und gut durchziehen lassen.

Dazu schmeckt Toastbrot. Sie können auch gekochten Reis zum Salat geben.

1 Portion:
210 kcal ▪ 15 g E ▪ 0,5 BE
3 K-Punkte ▪ 4 P-Punkte

Nur wer die Schale eines Hühnereies knackt, gelangt an seinen wertvollen Inhalt mit der optimalen Eiweißqualität.

Der Kaliumgehalt von zwei Eiern ist im Vergleich zu einer Portion Fleisch geringer, jedoch enthalten zwei Eier (Eigelb) die gleiche Phosphatmenge.

Der Cholesteringehalt im Eigelb ist erheblich. Bei erhöhtem Cholesterinspiegel im Blut sollten daher Eier nur begrenzt verzehrt werden. Da unser Körper aber unabhängig vom Angebot nur eine bestimmte Menge Cholesterin aufnehmen kann, ist es günstiger, an einem Tag der Woche eine Eiermahlzeit einzunehmen als jeden Tag das berühmte Frühstücksei zu verzehren.

Die im Handel befindlichen und sehr teuren sogenannten „Cholesterinarmen" Eier enthalten nur ca. 25 % weniger Cholesterin als normale Eier.

Auf den Harnsäurespiegel im Blut haben Eier keinen Einfluss.

„Ei-Ersatz" ist ein diätetisches Lebensmittel in Pulverform. Es enthält kein Eigelb und stellt daher eine Alternative zum frischen Hühnerei dar. „Ei-Ersatzpulver" lässt sich wie normales Ei für allerlei Eigerichte und Backwaren verwenden. In Apotheken und Reformhäusern sind verschiedene Produkte erhältlich. Beispiele: *Natura Dotterfrei* und *Sibylle-Diät Ei Ersatz* (enthält kaum Eiweiß).

Beachten Sie die jeweiligen Gebrauchsanweisungen. Vom Hersteller beigefügte Rezeptvorschläge sind jedoch nicht speziell für die Ernährung von Dialysepatienten erarbeitet worden und sollten, falls notwendig, entsprechend variiert werden.

EIERSPEISEN

Eierfrikassee mit Spargel

Zutaten für 1 Portion:

5 g	Margarine
5 g	Mehl
30 g	Sahne oder Crème fraîche
70 ml	Wasser
	etwas gekörnte Hühnerbrühe
	Pfeffer
	etwas Zitronensaft
1 Prise	Zucker
2	hart gekochte Eier
50 g	Spargelabschnitte, Dose oder frisch gekocht, abgetropft
30 g	Champignons, Dose, abgetropft

Zubereitung:
Aus Margarine und Mehl eine helle Mehlschwitze herstellen, mit dem Sahne-Wasser-Gemisch ablöschen, zu einer Soße verkochen und mild würzen.

Eier schälen, in Sechstel (Eierschneider) schneiden, mit dem Spargel und blättrig geschnittenen Champignons zusammen in der Soße erwärmen.

Dazu: gekochte Kartoffeln oder Reis und Kopfsalat mit einer Essig-Ölsoße
Ein kleines festliches Essen bekommen Sie, wenn Sie das Eierfrikassee in Blätterteigpasteten füllen.

1 Portion:
330 kcal ▪ 16 g E ▪ 0,5 BE
4 K-Punkte ▪ 6 P-Punkte

Eierragout mit Thunfisch

Zutaten für 2 Portionen:

3	hart gekochte Eier
20 g	Zwiebeln
10 g	Margarine
10 g	Mehl
50 g	Sahne oder 1 EL Crème fraîche
150 ml	Wasser
	weißer oder bunter Pfeffer
90 g	Thunfisch, naturell, Dose
1 TL	eingelegte Kapern
2 g	Schnittlauchröllchen

Zubereitung:
Eier schälen. Zwiebeln fein würfeln und in der Margarine glasig dünsten. Mehl darüber stäuben, anschwitzen und mit der Flüssigkeit ablöschen, zu einer Soße verkochen und abschmecken.

Thunfisch zerpflücken, Eier sechsteln (Eierschneider), zusammen mit den Kapern in die Soße geben.

Mit Schnittlauch bestreuen.

Beachten Sie den Salzgehalt von Thunfisch und Kapern.
Dazu: Kartoffelbrei, gekochte Kartoffeln oder Reis

1 Portion:
360 kcal ▪ 21 g E ▪ 0,5 BE
4 K-Punkte ▪ 6 P-Punkte

Gekochte Eier mit Frühlingssoße (kalt)

Zutaten für 1 Portion:

2	hart gekochte Eier

Für die Frühlingssoße:

50 g	saure Sahne
5 g	Salatmayonnaise
1 TL	Sprudelwasser
	wenig Senf
	Pfeffer
	etwas Zitronensaft oder Kräuteressig
1 kl. Prise	Zucker
5 g	frische Frühlingskräuter

Zubereitung:
Die Zutaten für die Soße miteinander verrühren und fein geschnittene Kräuter zugeben.

Eier schälen, längs halbieren und mit der Soße servieren.

1 Portion:
260 kcal ▪ 15 g E ▪ 0,5 BE
4 K-Punkte ▪ 5,5 P-Punkte

Verlorenes Ei auf Toast

Zutaten für 1 Portion:

50 g	Weizen-Toastbrot
10 g	Salatmayonnaise
10 g	Kopfsalat
30 g	gekochter Schinken (ohne Phosphatzusatz) (Scheiben)
1	rohes Ei
1 EL	Essig

Zubereitung:
Brot toasten, abkühlen lassen und dünn mit Mayonnaise bestreichen. Mit dem Salatblatt und Schinken belegen.

In einer Kasserolle 3/4 Liter Wasser zum Sieden bringen und den Essig zugeben, nicht salzen, sonst zerläuft das Eiklar. Das Ei in eine Tasse aufschlagen und in das siedende Wasser gleiten lassen. Am Ende der Garzeit von vier Minuten soll der Dotter noch weich sein. Ei mit dem Schaumlöffel herausnehmen, in einer Schüssel mit kaltem Wasser abschrecken und abtropfen lassen.

Das verlorene Ei auf den Schinken legen und mit einem kleinen Klecks Mayonnaise betupfen.

1 Portion:
320 kcal ▪ 16 g E ▪ 2,5 BE
3,5 K-Punkte ▪ 4 P-Punkte

Schlemmersalat

Zutaten für 2 Portionen:

50 g	Kopf- oder Eisbergsalat
2	hart gekochte Eier
30 g	gekochter Schinken (ohne Phosphatzusatz) (Scheiben)
30 g	Champignons, Dose, abgetropft
50 g	Spargelabschnitte, Dose, abgetropft

Für die Salatsoße:

20 g	Salatmayonnaise
50 g	saure Sahne
2 EL	Sprudelwasser
	etwas Zitronensaft
	schwarzer Pfeffer
1 Prise	Zucker
2 g	Kresse

Zubereitung:

Kopf- oder Eisbergsalat zerpflücken und in eine flache Salatschale geben. Eier schälen und mit dem Eierschneider in Scheiben schneiden. Schinken würfeln.

Die Salatsoße herstellen, mit den übrigen Salatzutaten vermischen und auf dem Salatbeet verteilen. Mit Kresse bestreuen.

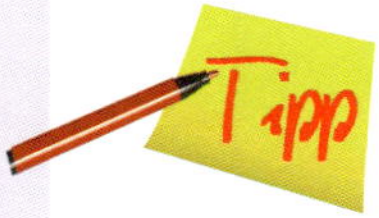

Einige Salatblätter können Sie auch in feine Streifen schneiden und über dem Schlemmersalat verteilen.

Statt gekochtem Schinken eignet sich auch gekochtes Geflügelfleisch.

Dazu: Toastbrot oder Baguette-Brötchen

1 Portion:

200 kcal ▪ 12 g E ▪ 0 BE
3,5 K-Punkte ▪ 4 P-Punkte

Herzhafter Eiersalat

Zutaten für 2 Portionen:

2	hart gekochte Eier
50 g	Gewürzgurken
50 g	Selleriesalat, Glaskonserve, abgetropft

Für die Salatsoße

30 g	Salatmayonnaise
	etwas Gurkenbrühe
	wenig Senf
	Pfeffer
	Paprikapulver

Zubereitung:
Eier schälen und mit dem Eierschneider in Scheiben schneiden. Gewürzgurke in feine Streifen schneiden.

Salatsoße herstellen, mild würzen und mit den übrigen Zutaten vermischen.

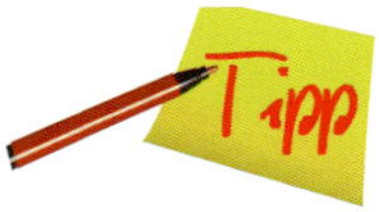

Dazu: Weizen-Mischbrot

1 Portion:
170 kcal ▪ 7 g E ▪ 0 BE
2 K-Punkte ▪ 3 P-Punkte

Gefüllte Eier

Zutaten für 2 Portionen:

2	hart gekochte Eier
20 g	Doppelrahm-Frischkäse
2 g	fein gehackte Kräuter
1–2 TL	Sprudelwasser
	Pfeffer
	einige Tropfen Zitronensaft

Zum Garnieren:

2	Blätter Kopfsalat

Zubereitung:
Eier schälen und längs halbieren.
Dotter herausnehmen und durch ein Haarsieb streichen, mit Frischkäse, Kräutern und Sprudelwasser verrühren und abschmecken.
Mit einem Spritzbeutel (Sterntülle) oder mit Hilfe von zwei Teelöffeln die Eigelbcreme in die Eihälften geben und auf die Salatblätter setzen.

1 Portion:
120 kcal ▪ 7 g E ▪ 0 BE
1,5 K-Punkte ▪ 2,5 P-Punkte

Curry-Eier – eine Rezeptidee für die kalte Platte

Zutaten für 3 Portionen:	
3	hart gekochte Eier
10 g	Salatmayonnaise
15 g	Magerquark
1 TL	Cognac
1/2	gestr. TL Curry
1 kl. Prise	Zucker
6	halbe Cocktailkirschen (Glaskonserve)
20 g	Kopfsalat oder Eisbergsalat, in Streifen geschnitten

Zubereitung:
Eier schälen und längs halbieren. Eigelb herausnehmen, durch ein Haarsieb drücken und mit Mayonnaise und Quark zu einer cremigen Masse verarbeiten. Mit Cognac und Curry abschmecken.

Die Füllung mit dem Spritzbeutel oder mit Hilfe von zwei Teelöffeln in die Eihälften geben. Jedes Ei mit einer halbierten Cocktailkirsche garnieren. Mit den Salatstreifen umlegen.

1 Portion:
110 kcal ▪ 8 g E ▪ 0 BE
1 K-Punkt ▪ 2,5 P-Punkte

Käse gibt es in großer Vielfalt und mancherlei Gerichten verleiht er seine pikante Note. Je nach Sorte enthält Käse mehr oder weniger viel Kalzium, ist eiweißreich und kaliumarm.

Der Phosphatgehalt liegt sortenabhängig unterschiedlich hoch. Phosphatreiche Käsesorten sollten gemieden werden, dazu zählen Hartkäse wie Emmentaler, Greyerzer und Appenzeller (Käsefondue), aber auch Schnittkäse wie Edamer und Tilsiter.

Käse, dem phosphathaltiges Schmelzsalz (E 339–341 und E 450–452) zugesetzt wird, hat einen besonders hohen Phosphatgehalt. Dieser Käse sollte deswegen nicht verzehrt werden. Typische Beispiele dafür sind: Schmelzkäse, Scheibletten-Käse, Kochkäse, Pasteten, u. a. mit Walnüssen, Räucher-Käserolle.

Es gibt Kochkäse ohne zugesetztes Phosphat (mit Natron / E 500 oder Trinatriumcitrate / E 331). Inzwischen wird „Scheiblettenkäse“ auch mit Trinatriumcitraten als Schmelzsalz hergestellt und überall im Handel angeboten.

KÄSEGERICHTE

Gebackener Camembert

Zutaten für 1 Portion:

60 g	Camembert, 45 % Fett i.Tr.
1/4	verschlagenes Ei
10 g	Semmelbrösel
15 g	Margarine

Dazu:

30 g	Preiselbeerkompott, gesüßt
10 g	Kopfsalat
50 g	Weizen-Toastbrot

Zubereitung:
Camembert in zwei Stücke schneiden, in Ei und Semmelbröseln wenden. Bratfett in einer beschichteten Pfanne erhitzen und den Käse darin goldgelb backen.

Preiselbeeren auf ein Salatblatt geben und mit dem Käse anrichten. Zusammen mit dem Toastbrot servieren.

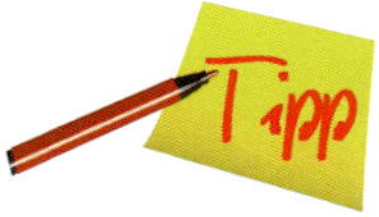

Der Käse darf nicht zu weich sein, sonst zerläuft er sehr leicht beim Backen. Back-Camembert gibt es bereits fertig zu kaufen, er muss nur noch gebraten werden. Dieses Gericht wird auch in vielen Restaurants angeboten.

1 Portion:
520 kcal ▪ 19 g E ▪ 4,5 BE
3 K-Punkte ▪ 6 P-Punkte

Käseschnitzel – schnell zubereitet

Zutaten für 1 Portion:

60 g	Butterkäse, 45 % Fett i. Tr. (dicke Scheibe)
1/4	verschlagenes Ei
10 g	Semmelbrösel
15 g	Margarine

Zum Garnieren:

1	Zitronenscheibe

Zubereitung:
Käse in Ei und Semmelbröseln wenden und in einer beschichteten Pfanne in heißem Bratfett von beiden Seiten goldgelb backen.

Mit der Zitronenscheibe garnieren und servieren.

Dieses Gericht lässt sich sehr schnell zubereiten.
Der Phosphatgehalt kommt einer Fleischportion gleich.
Dazu: gekochte Kartoffeln oder Nudeln und Gemüse oder Salat

1 Portion:
380 kcal ▪ 19 g E ▪ 1 BE
1,5 K-Punkte ▪ 7 P-Punkte

Käsesalat mit Apfel

Zutaten für 3 Portionen:

100 g	Butterkäse, 45 % Fett i. Tr.
60 g	Äpfel, auch mit Schale
40 g	rote Kirschen, Glaskonserve, abgetropft

Für die Salatsoße:

50 g	saure Sahne
20 g	Sahne
5 g	Salatmayonnaise
1 EL	Sprudelwasser
	etwas Zitronensaft
1 kl. Prise	Zucker

Zum Garnieren:

30 g	Kopfsalat

Zubereitung:
Käse und Äpfel blättrig schneiden. Salatsoße herstellen und mit den Zutaten vermischen.

Mit Salatblättern garnieren.

1 Portion:
190 kcal ▪ 10 g E ▪ 0,5 BE
2 K-Punkte ▪ 4 P-Punkte

Ananas-Käsesalat

Zutaten für 2 Portionen:

80 g	Ananaswürfel, Dose, abgetropft
80 g	gekochte Selleriewürfel, abgetropft
50 g	junger Goudakäse
30 g	gekochter Schinken

Für die Salatsoße:

30 g	Sahne
50 g	saure Sahne
20 ml	Ananassaft, Dose
	etwas Zitronensaft
1 kl. Prise	Zucker

Zum Garnieren:

20 g	Kopfsalat
2	Cocktailkirchen

Zubereitung:
Käse und Schinken in Würfel schneiden.

Sahne in einer Schüssel mit dem Schneebesen leicht anschlagen, saure Sahne und Ananassaft zugeben. Mit Zitronensaft und Zucker abschmecken. Die Salatzutaten zugeben, alles miteinander vermischen und gut durchziehen lassen.

Mit Salat und Cocktailkirschen garnieren.

Wenn Sie statt frischem Sellerie Konservenware verwenden, sollten Sie den Salzgehalt beachten.

1 Portion:
250 kcal ▪ 11 g E ▪ 1 BE
3 K-Punkte ▪ 4 P-Punkte

Tofu (Sojakäse) bzw. Seidentofu ist in der asiatischen Küche zu Hause. Er wird aus Sojabohnen und Wasser hergestellt. Sein Geschmack ist mild. Deswegen wird Tofu in den meisten Gerichten in gebratener Form verarbeitet.

Tofu ist überall erhältlich. Geräucherter Tofu ist gesalzen.

Nährstoffgehalt von 100 g Tofu:

85	Kalorien
ca. 9 g	Eiweiß
	keine BE-Anrechnung
120 mg	Kalium (1 Kaliumpunkt)
100 mg	Phosphor (1 Phosphatpunkt)

Der Kalium- und Phosphatgehalt liegt beim Tofu, bezogen auf den Eiweißanteil, ähnlich hoch wie beim Fleisch.

GERICHTE MIT TOFU

Vorschläge für verschiedene Salate und Pfannengerichte

Gemüsesalat mit Tofu

Zutaten:
gekochtes Gemüse, z. B. Möhren, grüne Erbsen, Brechbohnen, Sellerie, Blumenkohl; Tofu; Salatsoße nach Wahl

Nudelsalat oder Pfannengerichte mit Gemüse und Tofu

Zutaten:
gekochte Nudeln; gekochtes Gemüse; Tofu; Salatsoße nach Wahl oder Bratfett

Reissalat oder Pfannengerichte mit Gemüse oder/und Früchten und Tofu

Zutaten:
gekochter Reis, auch Couscous; gekochtes Gemüse; gekochte Früchte, z. B. Birne, Ananas, Mandarin-Orangen, Pfirsich; Tofu; Salatsoße nach Wahl oder Bratfett

Allgemeiner Tipp zur Geschmacksverbesserung von Tofu

Den Tofu zuerst in Würfel schneiden, danach in heißem Sesamöl von allen Seiten leicht anbraten. Sie können auch ersatzweise Sonnenblumenöl nehmen und einige Sesamkörner mitbraten. Den Tofu abkühlen lassen und mit den übrigen Zutaten vermischen.

Rührei mit Tofu

Zutaten für 1 Portion:

1	Ei
1 EL	Sprudelwasser
50 g	Tofu
10 g	Margarine
2 g	Schnittlauchröllchen

Zubereitung:
Ei mit Sprudelwasser verquirlen. Tofu mit dem Messer zerhacken und zum verschlagenen Ei geben. Fett in einer beschichteten Pfanne heiß werden lassen und das Rührei darin ausbacken. Mit dem Schnittlauch bestreuen.

1 Portion:
220 kcal ▪ 13 g E ▪ 0 BE
2 K-Punkte ▪ 4 P-Punkte

Gefüllter Tofu

Zutaten für 1 Portion:

80 g	Tofu, diagonal in 2 dicke Ecken geschnitten
50 g	Mett oder Hackfleisch (halb und halb)
10 g	Öl

Zubereitung:
An der Längsseite des Tofu-Dreiecks das Innere mit einem Küchenmesser herausschneiden (wird nicht benötigt). Die Seitenwände müssen erhalten bleiben.

Die Öffnung mit Mett füllen und den gefüllten Tofu in heißem Fett in einer beschichteten Pfanne von beiden Seiten goldbraun braten oder frittieren.

Tipp: Mett ist bereits gewürzt, daher nicht zusalzen.

1 Portion:
320 kcal ▪ 20 g E ▪ 0 BE
3 K-Punkte ▪ 4 P-Punkte

Tofu-Spieße

Zutaten für 1 Portion:

80 g	Tofu
50 g	Zucchini
30 g	Gemüsezwiebeln
30 g	ganze Champignons, Dose, abgetropft
	Thymian
	bunter Pfeffer
2	Schaschlikspieße
10 g	Öl

Zubereitung:
Tofu, Zucchini und Zwiebeln in grobe Würfel schneiden. Die einzelnen Zwiebelschichten lösen. Zucchini zwei Minuten in kochendem Wasser abwellen und gut abtropfen lassen. Alles abwechselnd zusammen mit den Champignons auf Spieße stecken und leicht würzen. Fett in einer beschichteten Pfanne erhitzen. Die Spieße rundherum braun braten. Eine kleine Menge Wasser zugeben und bei leicht geöffnetem Pfannendeckel kurze Zeit schmoren lassen. Spieße herausnehmen und warm halten. Den Bratensatz mit wenig zusätzlichem Wasser loskochen. Bei Bedarf den Soßenfond binden.

Tipp: Keine rohen Champignons verwenden, da sie sehr kaliumreich sind.
Sie können die Spieße auch mit Ananas oder Pfirsich (Dose) zubereiten und eine Currysoße dazu servieren.

1 Portion:
210 kcal ▪ 12 g E ▪ 0 BE
3 K-Punkte ▪ 3,5 P-Punkte

Stärkehaltige Beilagen runden das Essen geschmacklich ab; sie sind vielfältig und sättigen zusätzlich gut. Die hier getroffene Auswahl lässt sich noch durch Hefe-, Semmel- und Kartoffelknödel, Blätterteigpastetchen und Brot erweitern. Der Kaliumgehalt der verschiedenen Beilagen ist sehr unterschiedlich. Nudeln, Reis und Couscous sind besonders kaliumarm.

Parboiled Reis ist vitaminreicher als polierter Reis. Reis muss nicht in viel Wasser gekocht werden, da geschälter Reis bereits kaliumarm ist. Das gilt nicht für ungeschälten Naturreis.

Kartoffeln haben von Natur aus einen sehr hohen Kaliumgehalt. Dieser hängt erheblich von der Sorte, Düngung und Jahreszeit ab. Daher sollte, insbesondere bei kaliumempfindlichen Patienten, auf die richtige Zubereitung geachtet werden.

Durch bestimmte küchentechnische Maßnahmen lässt sich der Kaliumgehalt von Kartoffeln verringern. Bedingt durch ihren hohen Stärkegehalt ist es wichtig, dass möglichst viel Kalium am besten noch vor dem Kochen herausgelöst wird. Dazu müssen die Kartoffeln klein geschnitten werden, dabei vergrößert sich die Oberfläche und es kann mehr Kalium herausgewaschen werden. Bei dem Kochvorgang quillt die Kartoffelstärke auf und hält einen Teil Kalium gebunden in der Knolle zurück.

Wählen Sie daher die beste Methode für Sie persönlich aus. Hierzu finden Sie auf Seite 70 vergleichsweise fünf verschiedene Möglichkeiten, Kartoffeln zu kochen.

KARTOFFELN, NUDELN, REIS, COUSCOUS, MEHLSPEISEN

Fünf Möglichkeiten, Kartoffeln zu kochen

1. Kartoffeln „klein geschnitten, gewässert und gekocht"

nach Versuchen von E. Muskat, Institut für Ernährungswissenschaft, Gießen.

- Methode: Kartoffeln schälen, in 1 cm breite Würfel schneiden, in ein Sieb geben und mit kaltem Wasser abspülen.
- Über Nacht in Wasser stehen lassen, wobei die Kartoffeln gut mit Wasser bedeckt sein sollen.
- Die Kartoffeln vor dem Kochen wiederum in ein Sieb geben und mit kaltem Wasser abspülen.
- Zum Schluss in ausreichender Menge Wasser kochen und anschließend das Kochwasser wegschütten.
- Hierbei entsteht ein Kaliumverlust von ca. 50–60 %.
- Kochergebnis: 140 g gekochte Kartoffeln entsprechen 4 bzw. 3 Kaliumpunkten.

2. Kartoffeln „in Stücke geschnitten, gewässert, Kochwasser gewechselt"

Meine drei eigenen Versuche unter haushaltsüblichen Bedingungen Kartoffeln zu kochen, zeigten folgende Ergebnisse:

- Methode: 180 g geschälte Kartoffeln in etwa neun Stücke teilen.
- Kartoffelstücke in 500 ml kaltem Wasser über Nacht stehen lassen. Danach das Wasser wegschütten.
- Die Kartoffeln in 3/4 Liter frischem Leitungswasser acht Minuten kochen, anschließend das Kochwasser wegschütten.
- Erneut 3/4 Liter frisches Wasser zugeben, restliche zehn Minuten kochen und das Kochwasser wiederum wegschütten.
- Bei dieser Methode kommt es zu einem Kaliumverlust von ca. 35–38 %.
- Kochergebnis: 140 g gekochte Kartoffeln entsprechen ca. 5 Kaliumpunkten.

3. Kartoffeln „in Stücke geschnitten, nicht gewässert, Kochwasser gewechselt"

- Methode: Von nicht gewässerten Kartoffeln wird lediglich nach acht Minuten das Kochwasser, wie beschrieben, erneuert und anschließend das Kochwasser weggeschüttet.
- Hierbei kommt es zu einem Kaliumverlust von nur ca. 31–35 %.
- Kochergebnis: 140 g gekochte Kartoffeln entsprechen 5,5 bzw. 5 Kaliumpunkten.

4. Kartoffeln „in Stücke geschnitten, gewässert, Kochwasser nicht gewechselt"

- Methode: Die Kartoffeln, wie zuvor beschrieben, wässern, danach in einem 3/4 Liter Wasser 18 Minuten kochen. Zum Schluss das Kochwasser wegschütten.
- Es entsteht ein Kaliumverlust von ca. 29–31 %.
- Kochergebnis: 140 g gekochte Kartoffeln entsprechen ca. 5,5 Kaliumpunkten.

5. Kartoffeln „optimal gewässert und gekocht"

- Beachten Sie auch die Möglichkeit der Zubereitung von Kartoffeln mit einem Kaliumverlust von bis zu 80 % nach B. Schott in dem Buch *„Dialysegerechte Ernährung"*.
- Kochergebnis: 140 g gekochte Kartoffeln enthalten ca. 1,5 Kaliumpunkte.

Wunschtraum: kaliumarme Kartoffeln

Es wäre wünschenswert, wenn man im alternativen Anbau durch entsprechende Düngemaßnahmen (wenig Kalium) Kartoffelsorten züchten würde, die von Natur aus nur wenig Kalium enthalten.

So könnte mit einem normalen Kochvorgang mit Wegschütten des Kochwassers unter weitgehender Schonung der anderen Nährstoffe (weniger Auslaugeverluste) das gewünschte Ziel erreicht werden.

Kartoffeln, gekocht

Zutaten für 1 Portion:

180 g	Kartoffeln

Zubereitung:
Kartoffeln wässern, kochen und das Kochwasser wegschütten. Der Kaliumverlust ist mit 50 % berechnet.

1 Portion:
130 kcal ▪ 4 g E ▪ 3 BE
5 K-Punkte ▪ 2 P-Punkte

Kartoffelbrei

Zutaten für 1 Portion:

150 g	Kartoffeln
20 g	Sahne
2 EL	Wasser
	Muskatnuss

Zubereitung:
Kartoffeln wässern, kochen und das Kochwasser wegschütten (-50 % Kalium).

Die noch heißen Kartoffeln anschließend zerstampfen. Sahne und (frisches) Wasser in einem Topf erwärmen, zum Kartoffelschnee geben, zu einem Brei verarbeiten und abschmecken.

Sahne-Milch den gekochten Kartoffelstücken zugeben und mit dem Schneebesen des Handrührgerätes zu Brei verarbeiten.

1 Portion:
170 kcal ▪ 4 g E ▪ 2 BE
4,5 K-Punkte ▪ 2 P-Punkte

Bechamelkartoffeln

Zutaten für 1 Portion:

150 g	Kartoffeln

Für die Bechamelsoße:

10 g	Lauchringe, fein geschnitten
5 g	Margarine
5 g	Mehl
30 g	Sahne
70 ml	Wasser
	Pfeffer
	Muskatnuss
	Essig

Zubereitung:
Kartoffelstückchen wässern, kochen, das Kochwasser wegschütten (-50% Kalium) und die Kartoffeln abkühlen lassen.

Zwei Tassen Wasser zum Kochen bringen, Lauch darin weich dünsten und in einem Sieb abtropfen lassen.

Aus Margarine und Mehl eine Schwitze herstellen, mit dem Sahne-Wasser-Gemisch ablöschen und würzen. Lauch und Kartoffeln zugeben, erhitzen und zum Schluss mit einem kleinen Schuss Essig abschmecken.

1 Portion:
250 kcal ▪ 4 g E ▪ 3 BE
5 K-Punkte ▪ 2 P-Punkte

Kartoffeln mit Kräuterquark

Zutaten für 1 Portion:

180 g	Kartoffeln
125 g	Kräuterquark, 40 % Fett i. Tr. (käuflich)

Zubereitung:
Kartoffeln wässern, kochen und das Kochwasser wegschütten (-50% Kalium).

Den Kräuterquark dazu servieren.

Kartoffeln mit Kräuterquark
1 Portion:
310 kcal ▪ 17 g E ▪ 3 BE
7 K-Punkte ▪ 6 P-Punkte

Kräuterquark
1 Portion:
180 kcal ▪ 13 g E ▪ 0,5 BE
2 K-Punkte ▪ 4 P-Punkte

Bauernfrühstück

Zutaten für 1 Portion:

180 g	Kartoffeln
10 g	Butterschmalz oder Margarine
10 g	frischer Speck, ungesalzen
5 g	fein geschnittene Zwiebeln
20 g	Gewürzgurke
	Pfeffer
2	Eier

Zum Garnieren:

2 g	Schnittlauchröllchen

Zubereitung:
Kartoffelstückchen wässern, kochen und das Kochwasser wegschütten (-50% Kalium).

Speck in kleine Würfel schneiden. In einer beschichteten Pfanne bei mäßiger Hitzezufuhr Speck und Zwiebeln in Butterschmalz auslassen. Die Kartoffeln zugeben und knusprig braten. Gewürzgurke in Streifen schneiden, darunter mengen und alles mit Pfeffer würzen.

Eier in eine Schüssel aufschlagen, verquirlen, über die Kartoffelmasse gießen und einbacken. Mit Schnittlauch bestreuen.

Bei der Verwendung von Dörrfleisch sollten Sie den Salzgehalt beachten.

1 Portion:
470 kcal ▪ 18 g E ▪ 3 BE
7,5 K-Punkte ▪ 7 P-Punkte

Kartoffelrösti

Zutaten für 1 Portion:

180 g	Kartoffeln
10 g	Butterschmalz oder Margarine

Zubereitung:
Kartoffeln wässern, kochen und das Kochwasser wegschütten (-50 % Kalium).

Die Kartoffeln gut abkühlen lassen. Auf einer Küchenreibe möglichst grob raffeln.

Fett in einer beschichteten Pfanne erhitzen, die Kartoffelmasse einfüllen, mit dem Pfannenwender flach auf dem Pfannenboden andrücken und knusprig braten. Danach den gesamten Kartoffelkuchen wenden und die zweite Seite goldbraun braten.

Nehmen Sie zum Wenden des Kartoffelkuchens einen flachen Topfdeckel zur Hilfe.

1 Portion:
220 kcal ▪ 4 g E ▪ 3 BE
5 K-Punkte ▪ 2 P-Punkte

Spätzle, selbst gemacht

Zutaten für 4 Portionen:

200 g	Mehl
2	Eier
60–125 ml	Wasser (Sprudelwasser)

Für das Kochwasser:

3 g	Öl (1 TL)

Zum Schwenken:

20 g	Margarine

Zubereitung:
Mehl in eine Schüssel sieben, Eier und Wasser zugeben (vorsichtshalber etwas Wasser zurückbehalten und bei Bedarf ergänzen). Mit den Schneebesen des Handrührgerätes zu einem nicht zu dünnen, blasigen Teig verrühren. Den Teig eine Stunde zum Quellen stehen lassen.

In einem großen Topf ca. zwei Liter Wasser zum Kochen bringen und Öl zugeben. Teig in einen „Spatzenseiher" füllen und die Spätzle direkt in das leicht sprudelnd kochende Wasser geben. Die Spätzle sind gar, wenn sie an die Wasseroberfläche kommen. Mit dem Schaumlöffel herausnehmen, auf ein Sieb geben, mit kaltem Wasser abschrecken und abtropfen lassen. In einer Kasserolle Margarine erhitzen und die Spätzle darin schwenken.

1 Portion:
250 kcal ▪ 9 g E ▪ 3,5 BE
0,5 K-Punkte ▪ 2 P-Punkte

Spätzle (Nudeln) mit Semmelbröseln – schnell zubereitet

Zutaten für 1 Portion:

70 g	käufliche Spätzle (Nudeln) oder 1 Portion selbst gemachte Spätzle

Für die Bröselbutter:

8 g	Margarine
5 g	Semmelbrösel

Zubereitung:
Wasser zum Kochen bringen, einen Teelöffel Öl zugeben, die Spätzle (Nudeln) darin kochen und abgießen.

Margarine in einem kleinen Topf zerlassen, Semmelbrösel darin bei mäßiger Hitzezufuhr goldgelb rösten und über die Spätzle (Nudeln) geben.

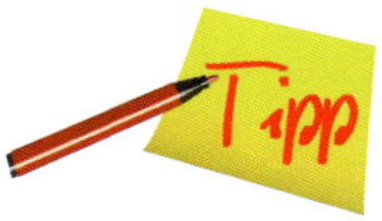

Dazu schmeckt: Apfelmus, gemischtes Birnen- und Pflaumenkompott.
Wird dieses Gericht als süße Hauptmahlzeit gegessen, so muss an anderer Stelle auf eine ausreichende Eiweißzufuhr geachtet werden.

1 Portion:
320 kcal ▪ 10 g E ▪ 5 BE
1 K-Punkt ▪ 3 P-Punkte

Quark-Nudel-Auflauf

Zutaten für 3 Portionen:

125 g	Bandnudeln
25	Margarine
1	Eigelb
250 g	Magerquark
1/4 TL	Majoran
1/4 TL	edelsüßes Paprikapulver
1 Msp.	Pfeffer
100 g	gewürfelter gekochter Schinken (ohne Phosphatzusatz)
1	Eischnee
80 g	Tomate
10 g	Semmelbrösel
15 g	Margarine für die Form und Flöckchen

Zubereitung:
Nudeln fast gar kochen. Danach auf ein Sieb geben, mit kaltem Wasser abspülen und gut abtropfen lassen.

Margarine und Eigelb schaumig rühren, Quark und Gewürze zugeben. Wenn die Masse zu fest ist, drei Esslöffel Wasser unterrühren. Nunmehr Nudeln, Schinken und Eischnee unterheben.

Eine Auflaufform mit Margarine leicht einfetten, die Masse einfüllen und bei 190 °C 20 Minuten im vorgeheizten Ofen backen.

Tomate in dünne Scheiben schneiden, auf den Auflauf legen, Semmelbrösel darüber streuen, mit Margarineflöckchen besetzen und weitere 10 Minuten backen.

Nudeln und Quark sind besonders kaliumarm, so dass die Tomate (190 mg Kalium) in diesem Rezept ihren Platz findet.
Dazu: Kopfsalat mit Essig-Ölsoße

1 Portion:
410 kcal ▪ 26 g E ▪ 3,5 BE
4 K-Punkte ▪ 6 P-Punkte

Tortellini mit Käsesoße

Zutaten für 3 Portionen:

500 g	Tortellini, frisch, gekühlt (käuflich)

Für die Käsesoße:

15 g	Margarine
1/2	kleines Lorbeerblatt
20 g	Schalotten (Zwiebeln)
15 g	Mehl
1/4 l	Wasser
80 g	Crème fraîche, 30 % Fett
	Pfeffer
	Muskatnuss
50 g	gekochter Schinken (ohne Phosphatzusatz)
50 g	Erbsen, Konserve, abgetropft
50 g	Goudakäse, mittelalt

Zum Bestreuen:

3 g	Petersilie

Zubereitung:

Die Tortellini nach Packungsanleitung in ungesalzenem Wasser bissfest garen und abtropfen lassen.

Margarine und Lorbeerblatt in einen Topf geben. Klein geschnittene Schalotten in dem Fett glasig dünsten. Das Mehl darüber stäuben und gut anschwitzen. Nunmehr unter Rühren Wasser und Crème fraîche hinzufügen, die Soße aufkochen und abschmecken.

Gekochten Schinken in Würfel schneiden und zusammen mit den Erbsen in der Soße erwärmen. Käse reiben und zugeben.

Petersilie fein hacken und vor dem Servieren über das Gericht streuen.

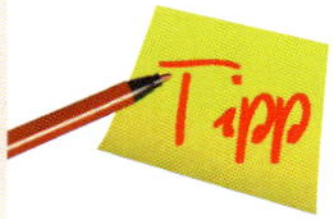

Käufliche Tortellini sind gesalzen.

1 Portion:
420 kcal ▪ 20 g E ▪ 4 BE
2,5 K-Punkte ▪ 5 P-Punkte

Lasagne

Zutaten für 3 Portionen:

Für die Hackfleischsoße:

120 g	Rindergehacktes
20 g	Zwiebeln
8 g	Olivenöl
	Lorbeerblatt
	Pfeffer
	Basilikum
	Wasser zum Ablöschen

Für die Käsesoße:

15 g	Margarine
15 g	Mehl
100 g	Sahne
200 ml	Wasser
50 g	geriebener mittelalter Goudakäse
	etwas Zitronensaft
	Muskatnuss

100 g	Lasagneblätter (käuflich)
5 g	Margarine für die Form

Zum Bestreuen:

30 g	geriebener mittelalter Goudakäse

Zubereitung:
Hackfleischsoße: Hackfleisch und fein geschnittene Zwiebeln im heißen Öl anbraten, würzen und mit soviel Wasser ablöschen, bis eine sämige Soße entsteht.

Käsesoße: Aus Margarine und Mehl eine helle Schwitze herstellen, mit Sahne und Wasser ablöschen, zu einer Soße verkochen. Käse zugeben. Mit Zitronensaft und Muskatnuss abschmecken.

Eine flache Auflaufform mit Margarine leicht einfetten. Hackfleischsoße, Lasagneblätter und Käsesoße schichtweise einfüllen. Die oberste Schicht soll die helle Soße sein. Mit geriebenem Käse bestreuen. Im vorgeheizten Backofen bei ca. 200 °C in 30–40 Minuten goldgelb backen.

Achten Sie darauf, dass beide Soßen sämig genug sind, damit die Lasagneblätter beim Backen ausreichend quellen können. Den Salzgehalt des Käses beim Würzen beachten. Beim Backen im Backofen verstärkt sich zusätzlich der Salzgeschmack.
Dazu: Kopfsalat mit Essig-Ölsoße

1 Portion:
490 kcal ▪ 21 g E ▪ 3 BE
2,5 K-Punkte ▪ 6 P-Punkte

Bunter Nudelsalat

Zutaten für 2 Portionen:

60 g	Gabelspaghetti
50 g	Erbsen, Dose, abgetropft
50 g	Möhren, Dose, abgetropft
50 g	Gewürzgurke
50 g	gekochter Schinken (ohne Phosphatzusatz) (Scheiben)

Für die Salatsoße:

50 g	Schmand oder saure Sahne
40 ml	Gurkenbrühe
	wenig Senf
	Pfeffer
	Essig nach Geschmack
1 kl. Prise	Zucker
2 g	Dillspitzen

Zum Garnieren:

10 g	Kopfsalat
1	hart gekochtes Ei

Zubereitung:
Nudeln in ungesalzenem Wasser kochen und abgießen. Möhren, Gewürzgurke und gekochten Schinken klein schneiden.

Salatsoße zubereiten und abschmecken. Nudeln, Gemüse und Schinken zugeben und gut durchziehen lassen.

Ei schälen und in Scheiben (Eierschneider) schneiden. Nudelsalat in eine Schüssel geben, mit Salatblättern und Ei garnieren.

Dazu: Weizen-Mischbrot

1 Portion:
280 kcal ▪ 14 g E ▪ 2 BE
4 K-Punkte ▪ 4 P-Punkte

Reis, gekocht

Zutaten für 1 Portion:

70 g	Reis, poliert, parboiled, roh

Zubereitung Quellreis:
Reis in der doppelten Menge Wasser ankochen und ausquellen lassen.

1 Portion:
240 kcal ▪ 5 g E ▪ 4,5 BE
1 K-Punkt ▪ 1 P-Punkt

Reispfanne mit gekochtem Schinken

Zutaten für 2 Portionen:

140 g	Reis, poliert, parboiled, roh
20 g	Zwiebeln
50 g	Zucchini
50 g	Lauch
50 g	Möhren
20 g	Olivenöl
	Pfeffer
100 g	gekochter Schinken (ohne Phosphatzusatz) (Scheiben)

Zubereitung:
Reis in der doppelten Menge Wasser garen.

Gemüse in Streifen schneiden. 1/2 Liter Wasser zum Kochen bringen, Lauch- und Möhrenstreifen darin drei Minuten abwellen. Auf ein Sieb geben, kurz mit kaltem Wasser abspülen und gut abtropfen lassen.

Olivenöl in eine Pfanne geben. Bei mäßiger Hitzezufuhr darin zuerst Zwiebeln und Zucchini anschwitzen. Anschließend Lauch und Möhren zugeben. Eine halbe Tasse Wasser zugießen und bei geschlossenem Deckel kurze Zeit dünsten.

Schinken in Würfel schneiden und zusammen mit dem Reis zum Gemüse geben. Das Gericht würzen, gut vermischen und erhitzen.

Sie können auch exotische Gewürze verwenden. Vermeiden Sie jedoch sehr scharfe Gewürze, da sie das Durstgefühl verstärken. Variieren Sie verschiedene Fleisch- bzw. Gemüsesorten nach Ihrem Geschmack.

1 Portion:
460 kcal ▪ 16 g E ▪ 5,5 BE
5 K-Punkte ▪ 4 P-Punkte

Reissalat mit Apfel

Zutaten für 2 Portionen:

50 g	Reis, poliert, roh
20 g	Goudakäse, jung oder mittelalt
20 g	gekochter Schinken (ohne Phosphatzusatz) (Scheiben)
20 g	Gewürzgurken
20 g	Äpfel, auch mit Schale

Für die Salatsoße:

5 g	Öl
	wenig Senf
	Pfeffer
30 ml	Gurkenbrühe
	Thymian, getrocknet oder frisch

Zubereitung:
Reis als Quellreis zubereiten und abkühlen lassen.

Käse, Schinken, Gewürzgurken und Äpfel in Würfel schneiden. Die Salatsoße herstellen, mit den übrigen Zutaten vermischen und gut durchziehen lassen.

Tipp

Getrockneten Thymian mit den Fingerspitzen etwas zerreiben.
Dazu: Weizen-Mischbrot

1 Portion:
160 kcal ▪ 8 g E ▪ 2 BE
1,5 K-Punkt ▪ 1,5 P-Punkte

Couscoussalat

Zutaten für 1 Portion:

30 g	Instant-Couscous
3–4 EL	kochendes Wasser
10 g	Lauch
10 g	Sellerie
20 g	Möhren

Für die Salatsoße:

5 g	Zwiebeln
8 g	Olivenöl
3 g	Limonensaft
	etwas Essig
	Pfeffer
	Koriander, gemahlen
1 kl. Prise	Zucker
1 g	Minzeblätter

Zum Garnieren

1 g	Petersilie

Zubereitung:
Instant-Couscous mit kochendem Wasser überbrühen und zugedeckt 5 Minuten quellen lassen.

Lauch in feine Ringe, Sellerie und Möhren in kleine Würfel schneiden. Eine ausreichende Menge Wasser zum Kochen bringen, das Gemüse 3–4 Minuten kochen lassen und absieben.

Zwiebeln in feine Würfel schneiden und in dem Olivenöl leicht andünsten. Minze hacken. Zusammen mit den übrigen Zutaten vermischen und abschmecken.

Den Salat mit einem Petersiliensträußchen garniert zu Tisch bringen.

Couscous ist Weizengrieß und kaliumarm.

1 Portion:
190 kcal ▪ 4 g E ▪ 2 BE
1,5 K-Punkte ▪ 1 P-Punkt

Maisfrikadellen

Zutaten für 2 Portionen:

125 g	Mehl
1/8 l	Sprudelwasser
60 g	Sahne
1	Ei
1 Msp.	Muskatnuss
75 g	Lauch
100 g	Mais, Dose, abgetropft
30 g	Margarine

Zum Garnieren:

2 g	Schnittlauchröllchen

Zubereitung:
Wasser, Sahne und Mehl zu einem glatten Teig verrühren. Ei und Muskatnuss zugeben.

Lauch in feine Ringe schneiden und in kochendem Wasser drei Minuten abwellen. In einem Sieb gut abtropfen lassen.

Maiskörner in eine flache Schüssel geben und mit einer Suppenkelle die Körner leicht zerdrücken. Lauch und Mais zum Pfannkuchenteig geben und vermengen.

Fett in einer beschichteten Pfanne erhitzen. Aus dem Teig mehrere kleine Fladen beidseitig goldbraun backen und mit Schnittlauch bestreuen.

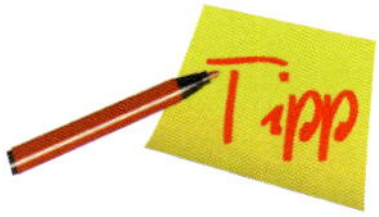

Sie können auch eingelegte, abgetropfte Shrimps oder in Streifen geschnittenen gekochten Schinken in den Teig mit einbacken.
Dazu: Gurkensalat

1 Portion:
520 kcal ▪ 13 g E ▪ 5,5 BE
4 K-Punkte ▪ 4 P-Punkte

Pfannkuchen mit Lauchfüllung

Teigzutaten für 2 Portionen:

100 g	Mehl
100 ml	Sprudelwasser
50 g	saure Sahne
2	Eier
25 g	Margarine

Für die Lauchfüllung:

200 g	Lauch
10 g	Margarine
	Pfeffer
	Muskatnuss
80 g	junger Gouda- oder Butterkäse

Zubereitung:
Pfannkuchen: Mehl, saure Sahne und Wasser zu einem glatten Teig verrühren. Eier zugeben und den Teig eine halbe Stunde quellen lassen. In einer beschichteten Pfanne etwas Margarine erhitzen, einzelne Pfannkuchen ausbacken und warm stellen.

Lauchfüllung: Lauch in feine Ringe schneiden. 3/4 Liter Wasser zum Kochen bringen und den Lauch darin drei bis vier Minuten abbrühen. Danach in ein Sieb abschütten, Lauch mit kaltem Wasser abspülen und gut abtropfen lassen. Margarine erhitzen, Lauch darin anschwitzen und mild würzen.

Die einzelnen Pfannkuchen mit dem Gemüse füllen, jeweils eine Käsescheibe darauf legen und zusammenklappen. Von beiden Seiten nochmals in der Pfanne kurz nachbacken.

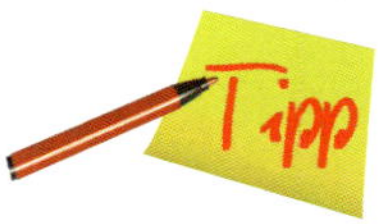

Sprudelwasser und saure Sahne lassen den Teig besonders locker werden.
Variante: Allen Käse auf den gefüllten Pfannkuchen legen und im vorgeheizten heißen Backofen (Grill) zerlaufen lassen.

1 Portion:
570 kcal ▪ 24 g E ▪ 4 BE
5 K-Punkte ▪ 8 P-Punkte

Der Gemüsemarkt hält zu jeder Jahreszeit ein reichhaltiges Angebot bereit. Frischkost wird durch Tiefkühl- und Konservenware ergänzt. Hierbei ist der Salzgehalt zu berücksichtigen.

Der Kaliumgehalt in Salat und Gemüse ist unterschiedlich hoch.

Wasserlösliche Vitamine gehen zwangsläufig durch das Kochen und Wegschütten des Kochwassers weitgehend verloren. Blattsalat sollte bei seiner Vorbereitung nur kurze Zeit mit Wasser in Berührung kommen und anschließend trocken geschleudert werden. Frische Kräuter den Speisen erst vor dem Servieren zugeben, um den Vitamingehalt zu erhalten.

Eintopf-Grundrezept:
Zuerst Gemüse und Stärkebeilage (Kartoffeln, Nudeln, Reis) nach Geschmack auswählen. Die Zutaten getrennt voneinander nach den allgemeinen Empfehlungen kochen und in einem Sieb abtropfen lassen.

Fein gehackte Zwiebel in einer kleinen Fettmenge anschwitzen und die vorgegekochten Zutaten dazugeben; alles mild würzen.

Die Nährwerte des Eintopfes richten sich nach den jeweiligen Einzelzutaten.

SALATE, GEMÜSE

Kopfsalat mit Radieschen und Essig-Ölsoße

Zutaten für 1 Portion:

50 g	Kopfsalat
15 g	Radieschen

Für die Salatsoße:

3 g	Olivenöl
3 g	gehackte Zwiebeln
	Essig
	Pfeffer
1 kl. Prise	Zucker
1 TL	Sprudelwasser

Zubereitung:
Zutaten für die Soße miteinander verrühren und mit den Salatzutaten vermischen.

1 Portion:
40 kcal ▪ 1 g E ▪ 0 BE
2 K-Punkte ▪ 0,2 P-Punkte

Endiviensalat mit saure-Sahne-Soße

Zutaten für 2 Portionen:

100 g	Endiviensalat
20 g	fein geschnittener Apfel mit Schale

Für die Salatsoße:

60 g	saure Sahne
2 EL	Sprudelwasser
	Zitronensaft oder Obstessig nach Geschmack
	Pfeffer
1 kl. Prise	Zucker

Zubereitung:
Endiviensalat in Streifen schneiden. Salatsoße herstellen und alles miteinander vermischen.

1 Portion Endiviensalat mit saure-Sahne-Soße:
50 kcal ▪ 2 g E ▪ 0 BE
3 K-Punkte ▪ 1 P-Punkt

1 Portion saure-Sahne-Soße:
40 kcal ▪ 1 g E ▪ 0 BE
1 K-Punkt ▪ 0,5 P-Punkte

Sommerliche Gemüseplatte

Zutaten für 2 Portionen:

75 g	Blumenkohlröschen
75 g	Möhrenwürfel
50 g	grüne Brechbohnen
50 g	Salatgurke

Für die Salatsoße:

50 g	saure Sahne
30 g	Crème fraîche
5 g	Salatmayonnaise
1 EL	Sprudelwasser
	etwas Zitronensaft oder Essig
	etwas Senf
	Pfeffer
1 kl. Prise	Zucker

Zum Garnieren:

1	hart gekochtes Ei
50 g	gekochter Schinken (ohne Phosphatzusatz) Scheiben
1 Blatt	Kopfsalat
3 g	Dillzweige

Zubereitung:
Blumenkohl, Möhren und Bohnen in reichlich Wasser kochen. Kochwasser abschütten, Gemüse kurz mit kaltem Wasser abspülen und gut abtropfen lassen. Gurke klein schneiden und zusammen mit dem Gemüse auf einer Platte anrichten. Die Zutaten für die Salatsoße verrühren und darüber verteilen.

Ei schälen und vierteln. Schinkenscheibe aufrollen und in der Mitte halbieren. Zusammen mit dem Salatblatt und Dillzweiglein die Gemüseplatte garnieren.

1 Portion:
220 kcal ▪ 12 g E ▪ 0 BE
5 K-Punkte ▪ 3,5 P-Punkte

Salatbowle

Zutaten für 1 Portion:

30 g	Kopfsalat
30 g	Eisbergsalat
30 g	Salatgurke
30 g	frische Erdbeeren
30 g	Ananaswürfel, Dose, abgetropft

Für die Salatsoße:

3 g	Keimöl
1–2 TL	Sprudelwasser
	Himbeer-Essig
	Sherry-Essig
	wenig Senf
	frisch gemahlener bunter Pfeffer

Zubereitung:
Salat zerpflücken und Erdbeeren halbieren.

Die Zutaten für die Salatsoße verrühren und mit den gesamten Salatzutaten vermischen.

Himbeer- und Sherry-Essig können Sie durch Obstessig ersetzen. Wichtig ist ein feines mildes Aroma.

Zu dem Salat schmeckt sehr gut kurzgebratenes Fleisch. Dieses muss zuerst abgekühlen, ehe es anschließend in Scheiben geschnitten wird.
Beilage: Stangenweißbrot

1 Portion:
80 kcal ▪ 1 g E ▪ 1 BE
3 K-Punkte ▪ 0,5 P-Punkte

Spargelsalat

Zutaten für 1 Portion:

80 g	frischer Spargel
20 g	Ananaswürfel, Dose, abgetropft
40 g	gekochtes Hühnerfleisch (ca. 50 g Rohgewicht)
30 g	Eisbergsalat

Für die Salatsoße:

5 g	Salatmayonnaise
10 g	Sahne
10 ml	Ananassaft, Dose
	Pfeffer
	etwas Zitronensaft

Zubereitung:
Spargel in 2 cm lange Stücke schneiden. Eine kleine Menge Wasser mit einer Prise Zucker zum Kochen bringen und den Spargel darin garen. In ein Sieb abschütten und kurz mit kaltem Wasser abspülen.

Hühnerfleisch würfeln und den Salat zerpflücken.

Salatsoße herstellen und mit den Salatzutaten vermischen.

Bei der Verwendung von Spargelkonserven, den Salzgehalt beachten. Dazu: Toastbrot

1 Portion:
170 kcal ▪ 13 g E ▪ 1 BE
3 K-Punkte ▪ 3 P-Punkte

Spargelröllchen mit Toast

Zutaten für 1 Portion:

80 g	frischer Stangenspargel
40 g	gekochter Schinken (ohne Phosphatzusatz)
5 g	Salatmayonnaise
10 g	Kopfsalat

Dazu:

50 g	Weizen-Toastbrot, in Ecken geschnitten

Zubereitung:
Spargel kochen (s. Rezept Spargelsalat) und abkühlen lassen.

Die Schinkenscheibe auf der Oberseite dünn mit Salatmayonnaise bestreichen, Stangenspargel darauf legen und einrollen.

Mit dem Salatblatt garnieren.

1 Portion:
250 kcal ▪ 13 g E ▪ 2,5 BE
4 K-Punkte ▪ 3 P-Punkte

Sellerie-Birnen-Salat

Zutaten für 2 Portionen:

125 g	Selleriestreifen, Glas
50 g	Birne, Dose, abgetropft
2 g	gemahlene Haselnüsse
50 g	Sahne
	etwas Zitronensaft
1 kl. Prise	Zucker

Zubereitung:
Selleriestreifen in ein Sieb geben, kurz mit kaltem Wasser abspülen und gut abtropfen lassen. Birne in Streifen schneiden. Haselnüsse in einer Pfanne ohne Fettzugabe leicht anrösten.

Die Salatzutaten miteinander vermischen. Sahne zugeben und mit Zitronensaft, Zucker und Salz abschmecken.

Haselnüsse sind reich an Kalium und Phosphat. Es wird jedoch nur eine geringe Menge zugegeben.

1 Portion:
110 kcal ▪ 1 g E ▪ 1 BE
2 K-Punkte ▪ 1 P-Punkt

Waldorfsalat

Zutaten für 2 Portionen:

200 g	frische Sellerieknolle
50 g	säuerlicher Apfel

Für die Salatsoße:

50 g	saure Sahne
10 g	Sahne
	etwas Zitronensaft
1 Prise	Zucker

Zubereitung:
Sellerieknolle teilen, in einer ausreichenden Menge Wasser fast weich kochen. Kochwasser abschütten, den Sellerie mit kaltem Wasser abspülen und gut abtropfen lassen. Sellerie in Streifen und Apfel in Stifte schneiden.

Die Zutaten für die Salatsoße miteinander verrühren, mit den Salatzutaten vermischen und gut durchziehen lassen.

1 Portion:
80 kcal ▪ 3 g E ▪ 0,5 BE
3 K-Punkte ▪ 2 P-Punkte

Gebackener Sellerie – herzhaft und raffiniert

Zutaten für 1 Portion:

100 g	frische Selleriescheibe, 1 cm dick geschnitten
	etwas Zitronensaft
	Pfeffer
5 g	Mehl
1/2	verschlagenes kleines Ei
10 g	Semmelbrösel
15 g	Öl

Zubereitung:
Sellerie in ausreichend viel Wasser fast gar kochen, Kochwasser abschütten, Gemüse mit kaltem Wasser abspülen und trockentupfen. Mit Zitronensaft und Pfeffer würzen und zehn Minuten ziehen lassen. Anschließend in Mehl, Ei und Semmelbröseln wenden.

Fett in einer beschichteten Pfanne erhitzen und die panierte Selleriescheibe beidseitig goldbraun braten.

Dieses Gericht ersetzt keine Fleisch- oder Fischportion! Die notwendige Eiweißmenge muss anderweitig zugeführt werden.
Dieses Rezept stellt jedoch eine Möglichkeit dar, Sellerie in raffiniert zubereiteter Form zu verzehren.
Dazu passt eine selbst gemachte Schnittlauch- oder Remouladensoße (s. Fleisch).
Die gebackene Selleriescheibe kann auch als warme Gemüsebeilage zu einer Brotmahlzeit gegessen werden.

1 Portion:
250 kcal ▪ 6 g E ▪ 1 BE
3 K-Punkte ▪ 3 P-Punkte

Helle Soße für Gemüse – mit Mehlschwitze

Zutaten für 1 Portion:

5 g	Margarine
5 g	Mehl
30 g	Sahne
70 ml	Wasser
	wenig *Cenovis natriumarme Gemüsebrühe*
	Muskatnuss
	Lorbeerblatt
	evtl. etwas Zitronensaft oder Essig

Zubereitung:
Aus Margarine und Mehl unter Zugabe von dem Lorbeerblatt eine helle Schwitze herstellen, mit Sahne und Wasser ablöschen und zu einer Soße verkochen. Nach Geschmack würzen.

Im Reformhaus gibt es *Cenovis natriumarme Gemüsebrühe* zu kaufen.

1 Portion:
150 kcal ▪ 1 g E ▪ 0,5 BE
0,5 K-Punkte ▪ 0,5 P-Punkte

Helle Soße für Gemüse – mit klassischer Mehlschwitze, hell

Zutaten für 1 Portion:

30 g	Sahne oder Crème fraîche
70 ml	Wasser
15 g	Klassische Mehlschwitze, hell
	wahlweise *Cenovis natriumarme Gemüsebrühe*
	Muskatnuss
	evtl. etwas Zitronensaft oder Essig

Zubereitung:
Sahne und Wasser zum Kochen bringen. *Klassische Mehlschwitze* einstreuen und zu einer Soße verkochen. Nach Geschmack würzen.

Achten Sie bei Instant-Soßenerzeugnissen darauf, dass kein Phosphat zugesetzt ist.

1 Portion:
180 kcal ▪ 2 g E ▪ 1 BE
0,5 K-Punkte ▪ 0,5 P-Punkte

Gurkengemüse in Dill-Rahmsoße

Zutaten für 1 Portion:

150 g	Salatgurke, geschält und entkernt
5 g	Margarine
	Pfeffer
2 g	Stärkemehl

Zum Verfeinern:

10 g	Crème fraîche oder Sahne
2 g	Dillspitzen

Zubereitung:
Das Gurkenfleisch in 1 cm breite Scheiben schneiden.

Margarine in einer Kasserolle zerlassen, Gemüse zugeben, andünsten, würzen, wenig Wasser zugießen und bei geschlossenem Deckel 12–15 Minuten garen.

Stärkemehl mit wenig kaltem Wasser anrühren, den Gemüsesud damit binden und mit Crème fraîche verfeinern.

Erst zum Schluss gehackten Dill in die Soße geben.

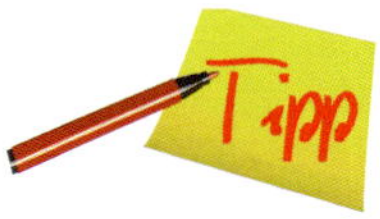

Gurken sind ein besonders kaliumarmes Gemüse (Wassergehalt beachten).
Sie können nach diesem Rezept auch Zucchinigemüse zubereiten. Schale und Kerne werden hierbei mitverzehrt.

1 Portion:
100 kcal ▪ 1 g E ▪ 0 BE
3 K-Punkte ▪ 1 P-Punkt

Bohnengemüse

Zutaten für 1 Portion:

120 g	Prinzessbohnen oder Brechbohnen, frisch oder TK
	wenig *Cenovis natriumarme Gemüsebrühe*
	Bohnenkraut
5 g	Margarine
5 g	fein gehackte Zwiebeln

Zubereitung:
Eine ausreichende Menge Wasser zusammen mit Gemüsebrühe und Bohnenkraut in einen Topf geben und zum Kochen bringen. Bohnen zugeben, gar kochen und in ein Sieb abschütten.

Im Topf Fett zerlassen, die Zwiebeln darin goldgelb anschwitzen und anschließend die Bohnen darin schwenken.

Tipp: Bei Konservenware müssen Sie den Salzgehalt beachten.

1 Portion:
80 kcal ▪ 3 g E ▪ 0 BE
2 K-Punkte ▪ 1 P-Punkt

Möhrengemüse

Zutaten für 1 Portion:

150 g	Möhren, in Würfel geschnitten
5 g	Margarine
1 kl. Prise	Zucker
	Thymian nach Geschmack

Zubereitung:
Eine ausreichende Menge Wasser zum Kochen bringen, die Möhren darin garen und in ein Sieb abschütten.

Margarine in einem Topf zerlassen, das Gemüse darin schwenken und abschmecken.

1 Portion:
80 kcal ▪ 2 g E ▪ 0 BE
3 K-Punkte ▪ 1 P-Punkt

Blumenkohl polnisch

Zutaten für 1 Portion:

150 g	Blumenkohlröschen

Für die Bröselbutter:

5 g	Butter oder Margarine
3 g	Semmelbrösel
1/4	hart gekochtes Ei
2 g	Petersilie

Zubereitung:

Vom Blumenkohl den Stielansatz kreuzweise einschneiden. Das Gemüse in reichlich Wasser kochen und aus dem Kochwasser nehmen.

Fett in einer kleinen Kasserolle zerlassen, Semmelbrösel zugeben, goldgelb anrösten und vom Herd nehmen.

Ei und Petersilie fein hacken, mit der Bröselbutter vermischen und über den Blumenkohl geben.

Sie können die Bröselbutter auch ohne Ei und Petersilie zubereiten.

1 Portion:
100 kcal ▪ 6 g E ▪ 0 BE
4 K-Punkte ▪ 2 P-Punkte

Blumenkohl-Schinken-Salat

Zutaten für 1 Portion:

80 g	Blumenkohlröschen
20 g	gekochter Schinken (ohne Phosphatzusatz)
1/4	hart gekochtes Ei

Für die Salatsoße:

30 g	saure Sahne
5 g	Salatmayonnaise
1 TL	Sprudelwasser
	Pfeffer
	etwas Zitronensaft
	etwas Essig
2 g	Schnittlauchröllchen

Zubereitung:

Blumenkohl kochen, Kochwasser abschütten und mit kaltem Wasser abspülen. Schinken und Ei in Würfel schneiden.

Die Zutaten für die Salatsoße verrühren. Alles miteinander vermischen und gut durchziehen lassen. Mit dem Schnittlauch bestreuen.

Diese Salatsoße schmeckt auch zu anderem Gemüse.

1 Portion:
140 kcal ▪ 9 g E ▪ 0 BE
3,5 K-Punkte ▪ 2,5 P-Punkte

Blumenkohlauflauf

Zutaten für 2 Portionen:

300 g	Blumenkohlröschen
50 g	saure Sahne
50 ml	Wasser
2	Eier
	Pfeffer
	Muskatnuss
50 g	geriebener Butterkäse
5 g	Margarine für die Form

Zubereitung:
Blumenkohlröschen in reichlich Wasser kochen, abschütten und mit kaltem Wasser abspülen.

Eine Auflaufform einfetten und das Gemüse hineingeben.

Saure Sahne, Wasser und Eier miteinander verquirlen, würzen, über den Blumenkohl gießen und mit Käse bestreuen.

Im vorgeheizten Backofen bei 180 °C ca. 20 Minuten backen.

Tipp Dazu: gekochte Kartoffeln

1 Portion:
250 kcal ▪ 18 g E ▪ 0 BE
5 K-Punkte ▪ 7 P-Punkte

Chicorée im Schinkenmantel

Zutaten für 2 Portionen:

300 g	Chicorée
1 l	Wasser
	Saft von 1/2 Zitrone
5 g	Margarine für die Form
100 g	gekochter Schinken (ohne Phosphatzusatz) (Scheiben)
50 g	geriebener mittelalter Goudakäse

Zubereitung:
Chicorée beim Putzen nicht zerschneiden, sondern nur den bitteren Kern am unteren Ende kegelförmig herausschneiden.

Ein Liter Wasser mit Zitronensaft aufkochen und das Gemüse darin zugedeckt ca. 20 Minuten garen. In ein Sieb abschütten und gut abtropfen lassen.

Eine Auflaufform mit Margarine einfetten. Die Chicoréekolben mit Schinken einzeln umwickeln, dicht nebeneinander in die Form legen und mit Käse bestreuen. Die Form mit den Chicorée-Schinken-Röllchen im vorgeheizten Backofen bei 200 °C hellbraun überkrusten.

Tipp

Beachten Sie, dass Schinken und Käse bereits gesalzen sind. Sie können das Gericht auch mit einer Käsesoße zubereiten. Stellen Sie dazu eine helle Soße her. Mischen Sie einen Teil des geriebenen Käses darunter und schmecken Sie die Soße ab. Diese wird nunmehr über die Chicorée-Schinken-Röllchen gegossen, mit restlichem Käse bestreut und im vorgeheizten Backofen überbacken.

1 Portion:
230 kcal ▪ 17 g E ▪ 0 BE
4 K-Punkte ▪ 4 P-Punkte

Gefüllte Aubergine mit heller Soße

Zutaten für 1 Portion:

150 g	Auberginenhälfte, längs aufgeschnitten
40 g	gekochter Schinken (ohne Phosphatzusatz)
20 g	mittelalter Gouda
30 g	Champignons, Dose, abgetropft
1 EL	Weißwein
1/4	Ei
	Pfeffer
	Kräuter der Provence
	etwas Zitronensaft
5 g	Margarine für die Form

Für die helle Soße:

5 g	Margarine
5 g	Mehl
30 g	Sahne
70 ml	Wasser
	Pfeffer
	etwas Zitronensaft
1 kl. Prise	Zucker

Zubereitung:

Für das Gemüse: Mit Hilfe eines Esslöffels das Fruchtfleisch aus der Auberginenhälfte entfernen, dabei muss ein ca. 1 cm dicker Rand stehen bleiben. In einem Topf Wasser zum Kochen bringen und Zitronensaft zugeben. Aubergine und ausgehöhltes Fruchtfleisch darin ca. sechs Minuten bei mäßiger Hitze köcheln lassen, in ein Sieb geben und kurz mit kaltem Wasser abspülen.

Für die Füllung: Fruchtfleisch und Champignons klein hacken. Schinken und Käse in feine Würfel schneiden. Alles miteinander vermengen, Wein und Ei zugeben, abschmecken und in die Auberginenhälfte füllen.

Den Boden einer Auflaufform leicht einfetten, das Gemüse hineinsetzen, eine halbe Tasse heißes Wasser auf den Boden der Form gießen, Deckel schließen und im vorgeheizten Backofen ca. 30 Minuten bei 180 °C backen.

Für die Soße: Margarine und Mehl hell anschwitzen, mit Sahne und Wasser ablöschen, zu einer Soße verkochen und würzen. Die beim Backen in der Auflaufform entstandene Flüssigkeit kann zur Soßenzubereitung genommen werden, um sie geschmacklich abzurunden.

Dazu: gekochter Reis

1 Portion:

400 kcal ▪ 18 g E ▪ 0,5 BE
6,5 K-Punkte ▪ 5 P-Punkte

Süßspeisen krönen die Mahlzeit, können aber auch als Zwischenmahlzeiten gegessen werden.
Süßes liefert rasche Energie, weckt manche Lebensgeister und ist besonders bei Naschkatzen beliebt. Warum also auf Süßes verzichten?
Wichtig ist zu wissen, dass zu viel Süßes unnötigen Durst macht. An geeigneter Stelle kann Zucker durch den kalorien- und kohlenhydratfreien Süßstoff ersetzt werden.

DESSERTS, SÄTTIGENDE SÜSSSPEISEN

Rote Apfelspeise mit Vanillesoße

Zutaten für 1 Portion:

70 g	Apfelmus
20 ml	Wasser
1 TL	Zitronensaft
1/2 Blatt	rote Gelatine
3 g	Zucker

Für die Vanillesoße:

25 g	Sahne
50 ml	Wasser
3 g	Vanillesoßenpulver zum Kochen
4 g	Zucker

Zubereitung:
Rote Apfelspeise: Gelatine in einer Tasse in kaltem Wasser fünf Minuten einweichen, herausnehmen und abtropfen lassen. Zwei Esslöffel Wasser in einen kleinen Topf füllen, Gelatine zugeben und unter leichtem Rühren bei geringer Hitzezufuhr auflösen (s. auch Packungsanleitung). Den Topf vom Herd nehmen, Apfelmus esslöffelweise unterrühren und eventuell nachsüßen. In ein Schälchen füllen und kühl stellen.

Vanillesoße: Aus den angegebenen Zutaten nach Packungsanleitung eine Vanillesoße kochen, erkalten lassen und zur Apfelspeise reichen.

1 Portion Rote Apfelspeise mit Vanillesoße:
170 kcal ▪ 2 g E ▪ 2 BE
1,5 K-Punkte ▪ 0,5 P-Punkte

1 Portion Vanillesoße:
100 kcal ▪ 1 g E ▪ 1 BE
0,5 K-Punkte ▪ 0,2 P-Punkte

Calvados-Äpfel mit Vanillesahne

Zutaten für 2 Portionen:

200 g	Cox Orange-Äpfel in Achtel geschnitten
5 g	Butter
5 cl	Calvados (50 ml)
2 g	Kartoffelstärkemehl

Für die Vanillesahne:

30 g	Sahne
3 g	Puderzucker
2 g	Vanillezucker oder 1 Msp. Vanillemark

Zubereitung:
In einer Kasserolle Wasser zum Kochen bringen, die Apfelstücke darin 1–2 Minuten abwellen und das Wasser abseihen.

Butter im Topf zerlassen, Apfelstücke darin schwenken und Calvados zugeben. Kartoffelstärkemehl mit drei Esslöffeln Wasser anrühren und die Apfelmasse damit binden. Mit dem Holzlöffel vorsichtig rühren, damit die Äpfel nicht zerfallen.

Sahne schlagen, Puderzucker und Vanillezucker zugeben und zu den Äpfeln servieren.

1 Portion:
190 kcal ▪ 1 g E ▪ 1,5 BE
1,5 K-Punkte ▪ 0,5 P-Punkte

Himbeergelee mit Vanillesoße

Zutaten für 5 Portionen:

1 P.	ungezuckerte Götterspeise Himbeergeschmack
1/2 l	Wasser
40 g	Zucker (ersatzweise Süßstoff)
	etwas Zitronensaft
100 g	Himbeeren, Konserve, abgetropft

Für die Vanillesoße:

50 g	Sahne
100 ml	Wasser
5 g	Vanillesoßenpulver zum Kochen
8 g	Zucker

Zubereitung:
Die Himbeergötterspeise nach Packungsanweisung zubereiten, mit Zitronensaft abschmecken und leicht abkühlen lassen.

Himbeeren in vier Portionsschälchen verteilen und die noch flüssige Geleemasse zugeben. Für einige Stunden in den Kühlschrank stellen, damit die Sülze fest wird.

Aus Sahne, Wasser, Vanillesoßenpulver und Zucker eine Vanillesoße kochen, abkühlen lassen und zum Himbeergelee reichen.

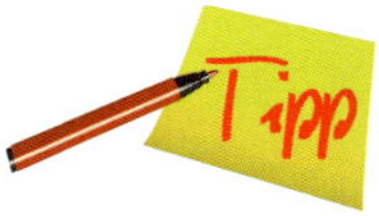

Schmeckt auch mit Sauerkirschen sehr lecker.

1 Portion:
100 kcal ▪ 2 g E ▪ 1,5 BE
0,5 K-Punkte ▪ 0,2 P-Punkte

Zitronengrütze

Zutaten für 4 Portionen:

1/2 l	kaltes Wasser
100 g	Zucker
25 g	Kartoffelstärkemehl
1	Ei
50 ml	Zitronensaft

Für die Garnitur:

50 g	geschlagene Sahne

Zubereitung:
Alle Zutaten in einen ausreichend großen Topf geben und verrühren. Erst jetzt mäßige Hitze zuführen und unter ständigem Schlagen die Flüssigkeit zum Kochen bringen.

Die Zitronengrütze in Portionsschälchen füllen und erkalten lassen. Mit einem Sahnehäubchen garnieren.

1 Portion:
180 kcal ▪ 2 g E ▪ 3 BE
1 K-Punkt ▪ 1 P-Punkt

Erdbeerquark

Zutaten für 1 Portion:

80 g	Magerquark
30 g	Sahne
1 EL	Sprudelwasser
8 g	Zucker
	etwas Zitronensaft
50 g	frische Erdbeeren

Zubereitung:
Quark und Sahne miteinander verrühren, mit Zucker und Zitronensaft abschmecken. Erdbeeren klein schneiden und unterheben.

1 Portion:
200 kcal ▪ 12 g E ▪ 1,5 BE
2,5 K-Punkte ▪ 3 P-Punkte

Mandarinen-Quarkspeise

Zutaten für 4 Portionen:

100 g	Sahne
200 ml	Wasser
20 g	Vanillepuddingpulver
20 g	Zucker
3 g	Vanillezucker

Zum Unterrühren:

125 g	Magerquark
150 g	Mandarin-Orangen, Dose, abgetropft

Zubereitung:
Aus Sahne, Wasser, Puddingpulver und Zucker nach Packungsvorschrift einen Pudding kochen und erkalten lassen, dabei zwischendurch umrühren. Anschließend Quark unter kräftigem Schlagen dazugeben und zum Schluss einen Teil der Mandarinen unterheben.

Die Quarkspeise mit den restlichen Mandarinen garnieren.

1 Portion:
160 kcal ▪ 5 g E ▪ 2 BE
1 K-Punkt ▪ 1,5 P-Punkte

Westfälische Quarkspeise

Zutaten für 2 Portionen:

125 g	Quark, 20 % Fett i. Tr.
40 ml	Milch
8 g	Zucker
30 g	Pumpernickel
1 EL	Kirschwasser
50 g	Sauerkirschen, Glaskonserve, abgetropft

Zubereitung:
Quark, Milch und Zucker miteinander verrühren. Pumpernickel zerbröseln und mit Kirschwasser tränken. Quark, Pumpernickel und Kirschen schichtweise in Dessertgläser füllen und mit jeweils einer Kirsche servieren.

1 Portion:
150 kcal ▪ 10 g E ▪ 1,5 BE
2 K-Punkte ▪ 3 P-Punkte

Schmandspeise mit Knusperkrokant

Zutaten für 1 Portion:

70 g	Magerquark
30 g	Schmand
1 EL	Sprudelwasser
5 g	Zucker oder Honig
	etwas Zitronensaft
	etwas abgeriebene Zitronenschale

Für den Knusperkrokant:

3 g	kleinblättrige Haferflocken
2 g	Zucker
2 g	Butter

Zum Garnieren:

1 gestr. TL	rote Konfitüre

Zubereitung:
Quark und Schmand mit den übrigen Zutaten verrühren.

Für den Krokant: Butter, Haferflocken und Zucker bzw. Honig in einen kleinen Topf geben und bei mittlerer Hitzezufuhr goldbraun rösten. Abkühlen lassen und auf die Quarkspeise geben.

Mit der Konfitüre garnieren.

Die Konfitüre können Sie auch durch kaliumarmes Obst ersetzen.

Statt Haferkrokant können Sie auch knusprige Cornflakes über die Quarkspeise streuen.
Haferkrokant enthält weniger Kalium und Phosphat als Mandelkrokant.

1 Portion:
180 kcal ▪ 11 g E ▪ 1 BE
1,5 K-Punkte ▪ 3 P-Punkte

Tutti Frutti

Zutaten für 4 Portionen:

2	Scheiben Zwieback
100 g	Cocktailfrüchte, Dose, abgetropft
125 g	Sahne
300 ml	Wasser
25 g	Vanillepuddingpulver
20 g	Zucker

Zubereitung:
Zwieback zerbröckeln, auf vier Schälchen verteilen und das Obst darüber geben.

Aus Sahne, Wasser, Puddingpulver und Zucker einen Pudding zubereiten. Noch heiß über die Zwieback-Obst-Masse gießen und erkalten lassen.

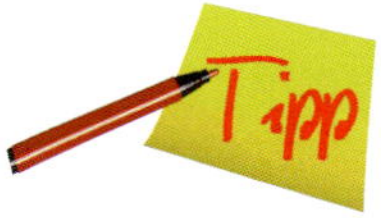

Anstelle von Zwieback können Sie auch Kuchenreste verwenden. Statt Cocktailobst eignet sich jedes andere kaliumarme gekochte Obst.

1 Portion:
170 kcal ▪ 1 g E ▪ 2 BE
1 K-Punkt ▪ 0,5 P-Punkte

Herrencreme

Zutaten für 2 Portionen:

100 g	Sahne
200 ml	Wasser
20 g	Vanillepuddingpulver
15 g	Zucker
1 EL	Rum

Zubereitung:
Aus Sahne, Wasser, Puddingpulver und Zucker einen Pudding kochen und abkühlen lassen. Die Masse mit dem Schneebesen cremig schlagen und den Rum unterziehen.

Wer „schlemmen" will, gibt unter den erkalteten Pudding insgesamt 10 g grob geriebene Halbbitter-Schokolade (40 mg Kalium, 30 mg Phosphor) dazu.

1 Portion:
230 kcal ▪ 1 g E ▪ 2 BE
1 K-Punkt ▪ 1 P-Punkt

Winterpudding/ Vanillepudding

Zutaten für 4 Portionen:

100 g	Sahne
200 ml	Wasser
20 g	Vanillepuddingpulver
15 g	Zucker
1 Msp.	Zimt, gemahlen
1	winzige Prise Nelken, gemahlen

Zubereitung:
Zuerst aus dem Sahne-Wasser-Gemisch nach Packungsanleitung einen Vanillepudding kochen. Danach die Gewürze unter den gekochten Pudding rühren.

Sie können auch Puddingpulver mit Mandel- oder Sahnegeschmack verwenden.
Durch Zugabe von Backaromen oder sehr wenig Zitronenschale können Sie ebenfalls den Geschmack verändern.
Die Süßspeise schmeckt auch mit Weizengrieß (25 g) zubereitet.

1 Portion:
110 kcal ▪ 1 g E ▪ 1 BE
0,5 K-Punkte ▪ 0,2 P-Punkte

Milchreis mit Erdbeeren

Zutaten für 1 Portion:

40 g	Sahne
120 ml	Wasser
20 g	Milchreis
8 g	Zucker

Dazu:

50 g	frische Erdbeeren

Zubereitung:
Milchreis waschen. Sahne und Wasser in einem Topf zum Kochen bringen, Milchreis hineinschütten, mit dem Holzlöffel umrühren und bei geschlossenem Deckel bei kleinster Hitzezufuhr 40 Minuten quellen lassen.

Erdbeeren klein schneiden, bei Bedarf zuckern und den Reis damit garnieren.

1 Portion:
240 kcal ▪ 3 g E ▪ 3 BE
2 K-Punkte ▪ 1 P-Punkt

Süßer Reissalat

Zutaten für 2 Portionen:

50 g	Langkornreis, poliert
1 kl. Stück	Zitronenschale
100 g	Pfirsich, Dose, abgetropft
50 g	geschlagene Sahne
5 g	Zucker
2 g	Vanillezucker

Zubereitung:
300 ml Wasser mit der Zitronenschale zum Kochen bringen. Reis einstreuen und 20 Minuten bei kleiner Hitzezufuhr quellen lassen. Kochwasser abschütten und Reis auskühlen lassen.

Pfirsich würfeln, zusammen mit der Sahne unter den gekochten Reis heben und abschmecken.

Tipp: Statt Pfirsich eignet sich auch anderes kaliumarmes Obst.
Bei Bedarf lässt sich Sahnestandmittel verwenden.

1 Portion:
210 kcal ▪ 3 g E ▪ 3 BE
1,5 K-Punkte ▪ 1 P-Punkt

Schlummerspeise

Zutaten für 1 Portion:

1 Scheibe	Zwieback
50 g	Apfelmus

Für den Grießbrei:

30 g	Sahne
70 ml	Wasser
6 g	Weizengrieß
5 g	Zucker

Zubereitung:
Zwieback in ein flaches Schälchen geben und das Apfelmus darüber verteilen.

Sahne und Wasser in einem kleinen Topf zum Kochen bringen. Grieß und Zucker unter Rühren einstreuen, zu einem Brei kochen und noch heiß über dem Apfelmus verteilen.

Tipp: Sie können den Grießbrei auch mit etwas abgeriebener Zitronenschale abschmecken.
Statt Grießbrei können Sie auch einen Vanillepudding herstellen.

1 Portion:
210 kcal ▪ 3 g E ▪ 3 BE
1,5 K-Punkte ▪ 1 P-Punkt

Feuerball-Eisdessert

Zutaten für 4 Portionen:

4 Kugeln	Vanilleeis, je 50 g

Für die Sauerkirschsoße:

100 ml	Sauerkirschsaft (Glas)
50 ml	Wasser
10 g	Kartoffelstärkemehl
200 g	Sauerkirschen, Glas, abgetropft
1 EL	Cherry Brandy oder Kirschwasser

Zubereitung:
Kartoffelstärkemehl mit etwas Sauerkirschsaft anrühren. Restliche Flüssigkeit aufkochen und damit binden. Die Sauerkirschen in die Soße geben und erhitzen. Mit Cherry Brandy abschmecken und heiß zum Eis servieren.

Statt mit Alkohol kann die Sauerkirschsoße auch mit wenig gemahlenem Zimt abgeschmeckt werden. Sauerkirschen haben einen nicht allzu hohen Kaliumgehalt, daher kann der Saft aus dem Glas verwertet werden.

1 Portion mit und ohne Cherry Brandy:
140 kcal ▪ 2 g E ▪ 2,5 BE
2 K-Punkte ▪ 1 P-Punkt

Apfelpfannkuchen

Zutaten für 5 Portionen:

150 g	Mehl
75 g	Sahne
150 ml	Wasser
2	Eier
25 g	Zucker
100 g	Apfelspalten, auch mit Schale
40 g	Margarine

Zum Bestreuen:

10 g	Zimtzucker

Zubereitung:
Mehl, Sahne und Wasser verrühren, Eier und Zucker zugeben.

Einen Teil des Fettes in einer beschichteten Pfanne zerlassen. Teig portionsweise zusammen mit den Äpfeln in die Pfanne geben und einzelne Pfannkuchen daraus backen.

Mit Zimtzucker bestreuen.

1 Portion:
280 kcal ▪ 6 g E ▪ 3 BE
1,5 K-Punkte ▪ 1,5 P-Punkte

Kaiserschmarren

Zutaten für 4 Portionen:

2	Eigelbe
20 g	Zucker
75 g	Mehl
40 g	Sahne
80 ml	Wasser
	etwas abgeriebene Zitronenschale
2	Eischnee
30 g	Margarine

Zubereitung:
Eigelbe und Zucker schaumig schlagen, nach und nach gesiebtes Mehl, Sahne und Wasser zugeben. Zuletzt das geschlagene Eiweiß unterheben.

Fett in einer gusseisernen oder beschichteten Pfanne erhitzen. Teig etwa 1 cm hoch einfüllen, leicht anbacken lassen, mit zwei Gabeln in Stückchen zerreißen und von allen Seiten goldgelb werden lassen.

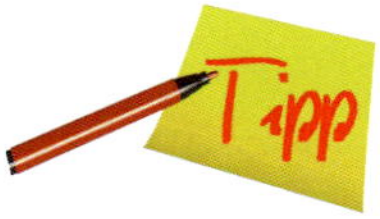

Dazu: Zimtzucker oder Apfelmus

1 Portion:
210 kcal ▪ 6 g E ▪ 2 BE
1 K-Punkt ▪ 1,5 P-Punkte

Apfel-Quark-Auflauf

Zutaten für 8 Portionen:

500 g	Magerquark
400 g	Apfel, in Spalten geschnitten, auch mit Schale
65 g	Margarine
100 g	Zucker
2	Eigelbe
	abgeriebene Zitronenschale
1 P.	Vanillezucker
65 g	Grieß
1 Msp.	Natron
3	Eiweiß

Für die Form und Flöckchen:

20 g	Margarine

Zum Bestreuen:

30 g	Zimtzucker

Zubereitung:
In einem Topf ein Liter Wasser zum Kochen bringen, die Apfelspalten darin ca. zwei Minuten köcheln lassen und in ein Sieb abschütten.

Margarine, Zucker und Eigelbe schaumig rühren, Zitronenschale und Vanillezucker zugeben. Grieß und Natron mischen und zusammen mit dem Quark unterrühren. Äpfel und Eischnee unterheben. Masse in eine leicht eingefettete Auflaufform füllen. Mit Margarineflöckchen belegen und mit Zimtzucker bestreuen.

Im vorgeheizten Backofen bei 180 °C goldgelb backen.

Tipp

Um Phosphat einzusparen, werden in diesem Rezept nur zwei statt drei Eigelbe verwendet.

Statt Äpfel eignen sich auch andere kaliumarme Obstsorten wie Sauerkirschen oder Heidelbeeren.
Der Auflauf schmeckt auch kalt sehr lecker.

1 Portion:
270 kcal ▪ 12 g E ▪ 1,5 BE
2 K-Punkte ▪ 3 P-Punkte

Apfel-Brötchen-Auflauf

Zutaten für 4 Portionen:

2	Brötchen vom Vortage
200 g	Apfel, in Spalten geschnitten, auch mit Schale
10 ml	Zitronensaft

Für die Eier-Sahne-Milch:

2	Eier
40 g	Zucker
1/2 P.	Vanillezucker
75 g	Sahne
1/8 l	Wasser

Für die Form und Flöckchen:

20 g	Margarine

Zum Bestreuen:

10 g	Zimtzucker

Zubereitung:
Brötchen in ca. 1 cm breite Scheiben schneiden. Äpfel mit Zitronensaft beträufeln. Brötchen und Äpfel in eine gefettete Auflaufform schichten.
Die Zutaten für die Eier-Sahne-Milch miteinander verquirlen und darüber gießen. Mit Zimtzucker bestreuen. Mit der restlichen Margarine belegen und im vorgeheizten Backofen bei 180 °C ca. 30 Minuten backen.

Tipp: Dazu schmeckt Vanillesoße.
Sie können auch andere gekochte Obstsorten, z. B. Birnen, Sauerkirschen oder Pflaumen, verwenden.

1 Portion:
290 kcal ▪ 6 g E ▪ 3,5 BE
2 K-Punkte ▪ 4 P-Punkte

Tipp: Der Kirschauflauf schmeckt auch mit Äpfeln oder Birnen gut.
Einen winterlichen Geschmack bekommen Sie, wenn Sie noch eine Messerspitze gemahlene Nelken hinzufügen.
Dazu schmeckt Vanillesoße.

Kirschauflauf

Zutaten für 2 Portionen:

2	Milchbrötchen vom Vortage
20 g	Sahne
100 ml	Wasser
20 g	Margarine
1	Eigelb
15 g	Zucker
	gem. Zimt nach Geschmack
200 g	Sauerkirschen, Glaskonserve, abgetropft
1	Eischnee
5 g	Margarine für die Form

Zubereitung:
Brötchen in dünne Scheiben schneiden und in eine Schüssel geben.

Sahne und Wasser leicht erwärmen und über die Brötchen gießen.

Fett, Eigelb und Zucker schaumig rühren, zusammen mit Zimt und Sauerkirschen unter die Brötchenmasse mischen.

Zum Schluss fest geschlagenen Eischnee unterheben.

Alles in eine gefettete Auflaufform füllen und im vorgeheizten Backofen bei 180–200 °C ca. 30 Minuten backen.

1 Portion:
410 kcal ▪ 9 g E ▪ 5,5 BE
3 K-Punkte ▪ 2,5 P-Punkte

Gebackende Dampfnudeln (Germknödel)

Zutaten für 12 Portionen:

500 g	Mehl
30 g	frische Hefe
175 ml	Wasser
75 g	Sahne
80 g	Margarine
1 1/2	Eigelbe
80 g	Zucker
1 Prise	Salz
	abgeriebene Schale von 1/2 Zitrone
5 g	Margarine für die Form

Zum Bestreichen:

1/2	Eigelb
20 ml	Milch

Zum Angießen:

50 g	Sahne
100 ml	Wasser

Zubereitung:
Aus den Zutaten für die Dampfnudeln einen Hefeteig herstellen, eine halbe Stunde gehen lassen und zwölf gleichmäßige Kugeln daraus formen.

Den Boden einer Auflaufform leicht einfetten. Hefeknödel hineinsetzen. Eigelbe und Milch verquirlen, die Oberfläche der Hefeknödel damit bestreichen.

Sahne und Wasser vermischen und auf den Boden der Auflaufform gießen. Deckel schließen und die Form in den noch kalten Backofen schieben. Temperatur auf 180 °C einstellen und die Dampfnudeln ca. 45 Minuten backen.

Dazu: Vanillesoße, Zimtzucker oder Apfelmus

1 Portion:
260 kcal ▪ 6 g E ▪ 4 BE
1 K-Punkt ▪ 1,5 P-Punkte

Zu vielen Anlässen bietet die Backstube eine große Auswahl süßer und pikanter Köstlichkeiten. Selbstgebackene Kuchen sind wahrhaft kleine Kunstwerke. Sie bedeuten aber auch ein geschenktes Maß an Zeit und sind oft ein Zeichen liebevoller Gastfreundschaft.

Konditoreien halten stets eine große Kuchenauswahl bereit und es ist mit Sicherheit auch für den Dialysepatienten das geeignete Kuchenstück dabei.

BACKSTUBE FÜR SÜSSE UND PIKANTE LECKEREIEN

Praktische Tipps

1. Backzutaten

Geeignete Zutaten sind: Mehl, Semmel-, (helle) Kuchen- und Zwiebackbrösel, Backfett, Zucker, Eier, kaliumarmes Obst, z. B. Sauerkirschen, Erd- und Heidelbeeren, aber auch Quark, Sahne, Blätterteig und Quark-Blätterteig.

Weniger geeignet sind aufgrund ihres hohen Kalium- und Phosphatgehaltes größere Zuga-

ben von Nüssen, Mandeln, Nougat, Marzipan, Schokolade und Rosinen.

Früchtebrot hat einen besonders hohen Kaliumgehalt.

Durch den Einsatz von „Ei-Ersatzpulver" lässt sich Phosphat einsparen.

2. Geschmackszutaten für Kuchenteige

Die Auswahl ist groß: Anis, Kardamom, Macisblüte, Muskatnuss, Vanillezucker (1 Päckchen = 8 g), auch selbst gemacht, Vanilleschote und -mark, Leb- und Honigkuchengewürz, abgeriebene Schale unbehandelter Zitronen oder Orangen.

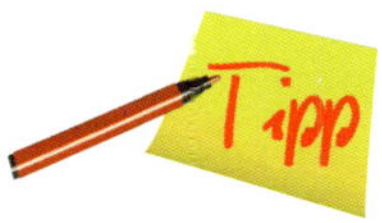

Übrig gebliebene abgeriebene Schale mit einer entsprechenden Menge Zucker vermischen und in einem Schraubglas aufheben. Somit können Sie Ihr *Orange-* bzw. *Citro-back* oder *Finesse* selbst herstellen.

Alle Backaromen und Spirituosen wie Cointreau, Kirschwasser und Rum sind ebenfalls geeignet.

3. Zuckermenge beachten

Bei einigen Kuchenrezepten lässt sich eine gewisse Zuckermenge einsparen und durch eine kleine Menge Magerquark ersetzen (siehe „Quarkwaffeln" und „Zwei-BE-Waffeln").

4. Backtriebmittel

Geeignet sind vor allem Hefe, Natron und Hirschhornsalz. Wer viel Rührkuchen isst, sollte auf normales Backpulver verzichten (1 Päckchen wiegt zwischen 15 und 17 g; Phosphat ist als Säureträger enthalten).

Weinstein-Backpulver ist phosphatfrei, enthält allerdings eine bestimmte Menge Kalium (Kaliumtartrat).

Es gibt in Globus-Supermärkten und im Versandhandel auch Backpulver mit Glucono-deltalacton (GDL) als Säureträger. Es ist phosphat- und kaliumfrei.

Merke: Pottasche (Kaliumkarbonat) hat einen sehr hohen Kaliumgehalt und soll nicht verwendet werden.

Ideal ist es, „Backpulver" für Rührteige aus Natron und Essig bzw. Zitronensaft selbst herzustellen. Es enthält kein Phosphat und ist praktisch kaliumfrei.

- Die nachstehenden Rezepte sind sowohl unter Verwendung von normalem Backpulver (mit Phosphat) als auch unter Verwendung von Natron und Zitronensaft berechnet.
- Durch den Einsatz von Natron lässt sich in der Regel pro Kuchenstück 0,5 bis 1 Phosphatpunkt einsparen.
- 15 g Backpulver entsprechen 5 g Natron, d. h. jeweils 1/3 der im Rezept angegebenen Backpulvermenge.
- Die P-Punkte von Backwerk, mit GDL-Backpulver hergestellt, entsprechen den P-Punkten wie unter „Mit Natron zubereitet" angegeben.

5. Wenn das Backpapier verrutscht

Zuerst das Backblech mit etwas Wasser benetzen und anschließend das Backpapier darauf legen.

Heutzutage gibt es spezial emaillierte Backbleche, die die Backwaren auch ohne Backpapier und -fett nicht anhängen lassen.

6. Weitere Fragen?

Nehmen Sie ein Backbuch zur Hilfe.

Grundrezept für Backpulver-Ersatz aus Natron und Essig

Für 500 g Weizenmehl werden benötigt:

1	gestrichener Teelöffel Natron (5 ml = 5 g) plus
3 EL	Essig (5 %-iger Säuregehalt, geschmacksneutral; evtl. aus Essigessenz verdünnt) oder Branntwein- oder Obstessig (der Teig bekommt keinen Essiggeschmack).

Das Natron wird zunächst unter das Mehl gemischt und dem nahezu fertig gerührten Teig schließlich der Essig zugegeben. Natron und Essig dürfen erst im Teig zusammenkommen, sonst beginnt die Triebwirkung zu früh.

Wenn im Rezept Flüssigkeit angegeben ist, so ziehen Sie von dieser Menge etwas ab oder nehmen Sie etwas mehr Mehl.

Statt Essig können Sie auch Zitronensaft nehmen.
Natron gibt es in Lebensmittelgeschäften zu kaufen. Kleingebäck wird ohne Zusatz von Essig gebacken.

Rezepturen, die Buttermilch und Quark enthalten, bedürfen keiner Zugabe von Essig oder Zitronensaft.

Wenn Sie ein Kuchenrezept haben, in dem bereits Natron als Backtriebmittel angegeben ist, so richten Sie sich vollständig nach der Anleitung dieses Rezeptes.

Kalium- und Phosphatgehalt nach Dr. Oetker Backrezepten

Nach dem Dr. Oetker-Standard-Backbuch habe ich den Kalium- und Phosphatgehalt (normales Backpulver) einiger Kuchen berechnet. Die angegebenen Werte beziehen sich jeweils auf eine Portion.

„1/14“ bzw. „1/20“ bedeuten, dass der Kuchen in eine entsprechende Stückzahl geteilt werden muss.

	Kalium-punkte	Phosphat-punkte
Buttergebäck *(1 Portion = 70 g)*	1	1
Feiner Sandkuchen *(1/14 Rezept = 70 g)*	0,5	1
Marmorkuchen *(1/20 Rezept)*	1	3
Biskuitrolle mit Preisel beeren *(1/14 Rezept)*	1	1
gedeckter Apfelkuchen *(1/14 Rezept)*	3	2
Apfelkuchen mit Streuseln (m. Hefe) *(1/20 Rezept = 125 g)*	2	1
Hefe-Napfkuchen mit Rosinen *(1/20 Rezept)*	1,5	1,5
Frankfurter Kranz *(1/20 Rezept)*	1,5	2
Quark-Sahnetorte *(1/14 Rezept)*	1	2
Schwarzwälder Kirschtorte *(1/14 Rezept)*	2	2
Sahne-Nusstorte *(1/14 Rezept)*	2	2
Nussecken *(1/20 Rezept)*	1	1

Obstboden mit Tortenguss

Zutaten für einen Obstkuchen:

1	Obstboden, käuflich
500 g	kaliumarme Früchte ohne Saft (Ananas, Birne, Pfirsich, Mandarinorangen, Sauerkirschen)

Zutaten für den Tortenguss:
Wasser, etwas Zitronensaft, 1 P. Tortenguss, Zucker; dieser fertig gekochte Tortenguss enthält insgesamt ca. 300 mg Kalium.

Obstkuchen hat im Vergleich zu trockenem Kuchen einen höheren Wassergehalt. Gewöhnlicher Tortenguss enthält zugesetztes Kaliumtartrat. Im Reformhaus auch ohne diesen Zusatz erhältlich.

1 Stück:
Die Nährwerte richten sich nach den jeweiligen Einzelzutaten.

Purzelbaumkuchen

Grundrezept für 14 Stücke:

100 g	Margarine
125 g	Zucker
3	Eier
4 Tropfen	Zitronenbacköl
150 g	Mehl
50 g	Speisestärke
2 gestr. TL	Backpulver (7 g) oder 1/2 gestr. TL Natron
2 EL	Zitronensaft
20 ml	Milch

Außerdem:

150 g	Apfelringe, z. B. Cox Orange
1	Springform (Ø 26 cm)
	Backpapier
5 g	Butter
10 g	Puderzucker zum Bestäuben

Zubereitung:
Margarine und Zucker schaumig rühren. Eier nach und nach unterrühren und Backöl zugeben. Mehl, Stärkemehl und Backpulver (Natron) mischen, zusammen mit der Milch (Zitronensaft zuletzt zugeben) unter die Eimasse rühren.

Den Boden einer Springform mit Backpapier auslegen und nur die Papieroberfläche mit Butter leicht einfetten. Apfelringe darauf verteilen, Teigmasse darüber geben und glatt streichen.

Den Kuchen bei 180 °C etwa 45 Minuten im vorgeheizten Backofen backen. Danach in der Form auskühlen lassen, Formrand lösen, den Kuchen stürzen und das Backpapier sofort abziehen. Mit Puderzucker leicht bestäuben.

1 Stück:
170 kcal ▪ 3 g E ▪ 2 BE
0,5 K-Punkte ▪ 1,5 P-Punkte
Mit Natron und Zitronensaft zubereitet =
1 K-Punkt ▪ 1 P-Punkt

Frankfurter Kranz

Grundrezept für 20 Stücke:

200 g	Margarine
200 g	Zucker
1 P.	Vanillezucker
4	kl. Eier
1 P.	Backpulver oder 1 gestr. TL Natron (5 g)
3 EL	Zitronensaft
400 g	Mehl
150 ml	Milch

Für die Backform:

8 g	Margarine
20 g	Semmelbrösel

Für die Füllung:

250 g	roter Johannisbeergelee

Für die Buttercreme:

1/2 l	Milch
40 g	Zucker
1 P.	Vanillepuddingpulver
150 g	Butter

Für den Haferkrokant:

100 g	kleinblättrige Haferflocken
40 g	Zucker
20 g	Butter

Zubereitung:
Margarine und Zucker schaumig rühren. Eier nach und nach zugeben. Mehl mit dem Backpulver (Natron) vermischen und esslöffelweise unterrühren. Zwischendurch die Milch und zum Schluss den Zitronensaft zufügen. Der Teig muss schwer reißend vom Löffel fallen.

Eine Kranzform einfetten, mit Semmelbröseln bestreuen, Teig einfüllen und bei 175–200 °C im vorgeheizten Backofen ca. 55–70 Minuten backen. Aus dem Ofen nehmen, etwas abkühlen lassen, stürzen und bis zum nächsten Tag stehen lassen.

Aus Milch, Zucker und Puddingpulver nach Packungsvorschrift einen Pudding kochen. Pudding auf Zimmertemperatur abkühlen lassen und dabei zwischendurch cremig rühren. Esslöffelweise die Butter (Zimmertemperatur) unterrühren.

Den Kranz zwei- bis viermal waagerecht durchschneiden. Abwechselnd mit Konfitüre und Buttercreme füllen, zusammensetzen und von außen mit der restlichen Buttercreme bestreichen.

Haferflocken, Zucker und Butter in einer Kasserolle bei mittlerer Hitzezufuhr hellbraun anrösten und abkühlen lassen. Die Kuchenoberfläche damit bestreuen.

Haferkrokant ersetzt den üblichen kalium- und phosphatreichen Mandelkrokant.

1 Stück:
360 kcal ▪ 5 g E ▪ 4 BE
1,5 K-Punkte ▪ 3 P-Punkte
Mit Natron und Zitronensaft zubereitet = 1,5 K-Punkte ▪ 2 P-Punkte

Quarkwaffeln

Grundrezept für 7 Waffeln, Ø 19,5 cm:

125 g	Margarine
100 g	Zucker
1 P.	Vanillezucker
3	Eier
	etwas abgeriebene Zitronenschale
125 g	Magerquark
200 g	Mehl
1 1/2	gestr. TL Backpulver (5 g) oder
	1/2 gestr. TL Natron
40 g	Sahne
2 EL	Wasser (bei Bedarf)

Zum Bestäuben:

5 g	Puderzucker

Zubereitung:
Margarine und Zucker schaumig rühren. Zuerst Eier, dann Zitronenschale und Quark nach und nach zugeben. Backpulver (Natron) mit Mehl vermischen, sieben und abwechselnd mit der Sahne und dem Wasser unterrühren.

Waffeleisen einfetten, erhitzen, Teig portionsweise einfüllen und die Waffeln hellbraun backen. Nach dem Abkühlen mit Puderzucker bestäuben.

1 Waffel:
350 kcal ▪ 9 g E ▪ 4 BE
1 K-Punkt ▪ 3 P-Punkte
Mit Natron zubereitet =
1 K-Punkt ▪ 2 P-Punkte

Heidelbeer-Biskuit-Rolle

Grundrezept für 12 Stücke:

4	Eier
75 g	Zucker
75 g	Mehl
1 Msp.	Backpulver oder 1 kl. Msp. Natron

Für die Füllung:

500 g	Speisequark, 20 % Fett i. Tr.
50 ml	Milch
100 g	Zucker
	etwas abgeriebene Zitronenschale
1 P.	gem. weiße Gelatine
2 EL	kaltes Wasser
250 g	Heidelbeeren, tiefgekühlt

Zum Verzieren:

1/4 l	Schlagsahne
1 P.	Vanillezucker
50 g	Heidelbeeren, tiefgekühlt
	einige Minzblättchen

Zubereitung:
Die ganzen Eier mit dem Zucker schaumig schlagen. Mehl und Backpulver (Natron) auf die Eischaummasse sieben und mit dem Schneebesen vorsichtig unterheben. Teig auf ein mit Backpapier belegtes Kuchenblech verteilen und im vorgeheizten Backofen bei 180–200 °C ca. 10–12 Minuten backen.

Danach auf ein mit Zucker bestreutes Geschirrtuch stürzen und das Papier abziehen. Mit einem feuchten Tuch abdecken und auskühlen lassen.

Quark mit Milch, Zucker und Zitronenschale zu einer cremeartigen Masse verrühren.

50 g Heidelbeeren pürieren. Gelatine zusammen mit dem Wasser in einen Topf geben und zehn Minuten quellen lassen. Danach auf mäßig warmer Herdplatte unter leichtem Rühren lösen, nicht kochen. Die pürierten Heidelbeeren nach und nach unter die aufgelöste Gelatine rühren. Nunmehr unter die Quarkmasse geben und die restlichen 200 g Heidelbeeren unterheben. Auf die Biskuitplatte streichen und von der Längsseite her aufrollen.

Sahne mit Vanillezucker steif schlagen, die Rolle von außen damit bestreichen und mit den restlichen Heidelbeeren und Minzblättchen verzieren.

Heidelbeeren sind besonders kaliumarm. Daher können sie sowohl roh als auch tiefgefroren verarbeitet werden. Dieser Biskuitteig lässt sich sehr einfach herstellen.

1 Stück:
240 kcal ▪ 9 g E ▪ 3 BE
1,5 K-Punkte ▪ 3 P-Punkte
Mit Natron zubereitet =
1,5 K-Punkte ▪ 2,5 P-Punkte

Windbeutel mit Sauerkirschfüllung

Grundrezept für 15 Stück:

1/4 l	Wasser
50 g	Margarine
150 g	Mehl
30 g	Speisestärke
4	Eier
1 gestr. TL	Backpulver

Für die Sauerkirschfüllung:

350 g	Sauerkirschen, Glaskonserve, abgetropft
1/4 l	Wasser
20 ml	Zitronensaft
20 g	Vanillepuddingpulver
15 g	Zucker
250 g	Sahne

Zum Bestäuben:

15 g	Puderzucker

Zubereitung:
Für die Windbeutel: Mehl und Stärkemehl (1 EL Mehl zum Mischen des Backpulvers zurückbehalten) sieben und vermischen. Wasser und Margarine in einem Topf zum Kochen bringen. Topf vom Herd nehmen, Mehl auf einmal unter ständigem Rühren (Rührlöffel) in die Flüssigkeit schütten, zu einem glatten Kloß werden lassen und eine Minute erhitzen, dabei den Topf auf die Platte zurückstellen.

Danach den Kloß in eine Rührschüssel geben und die Eier nach und nach unterrühren (Rührlöffel und Schneebesen), der Teig muss glänzend aussehen. Erst jetzt das mit 1 EL Mehl vermischte Backpulver darunter rühren.

Mit dem Spritzbeutel oder mit Hilfe von zwei Esslöffeln 15 gleichmäßig große Teighäufchen auf ein mit Backpapier belegtes Blech setzen und im vorgeheizten Backofen bei 200 °C ca. 30 Minuten backen.

Für die Füllung: Aus Wasser, Zitronensaft, Vanillepuddingpulver und Zucker einen Zitronen-Wasser-Pudding kochen. Sauerkirschen zugeben und abkühlen lassen.

Von den inzwischen abgekühlten Windbeuteln das obere Drittel als Deckel abschneiden, mit der Fruchtmasse füllen und mit geschlagener Sahne verzieren. Danach den Deckel oben darauf setzen und mit Puderzucker leicht bestäuben.

Während der ersten 15 Minuten Backzeit darf die Backofentür nicht geöffnet werden, da die Windbeutel sonst zusammenfallen.
Wählen Sie auch andere kaliumarme Früchte aus oder füllen Sie die Windbeutel mit einer Quark-Fruchtcreme.

1 Windbeutel:
170 kcal ▪ 5 g E ▪ 2 BE
1 K-Punkt ▪ 1,5 P-Punkte

Weihnachtsbäckerei

Der Advents- und Weihnachtsteller

Vorschläge für allerlei süße weihnachtliche Leckereien:
Anisplätzchen, Buttergebackenes, Haferflockenplätzchen, Heidesand, Ochsenaugen, Saure Sahnekringel, Spekulatius, Springerle, Spritzgebäck, Terrassen; Gelee-Baumbehang (Geleeringe, ohne Fruchtsaft zubereitet) u. a. m.

Orangenplätzchen

Grundrezept für 10 Portionen:

200 g	Mehl
60 g	Stärkemehl
1 gestr. TL	Backpulver oder 1/2 gestr. TL Natron
100 g	Zucker
1 P.	Vanillezucker
	abgeriebene Orangenschale oder 1 P. käufliches Orangeback
125 g	Margarine
1	Ei

Zubereitung:
Alle Zutaten rasch miteinander verkneten. Aus dem Teig zwei Rollen von 3 cm Durchmesser formen, leicht flach andrücken und für etwa zwei Stunden in den Kühlschrank stellen. Anschließend mit dem Messer in 4–5 mm dicke Scheiben schneiden.

Die Plätzchen auf ein mit Backpapier belegtes Backblech setzen und bei 180–200 °C ca. 10 Minuten im vorgeheizten Backofen knusprig backen.

Die Plätzchen lassen sich in einer Gebäckdose gut aufbewahren.
Geben Sie aber gut auf „Weihnachtsmäuse“ acht.

1 Portion:
230 kcal ▪ 3 g E ▪ 3 BE
0,5 K-Punkte ▪ 1 P-Punkt
Mit Natron zubereitet =
0,5 K-Punkte ▪ 0,5 P-Punkte

Quarkstollen

Grundrezept für 20 Stücke:

500 g	Mehl
1 P.	Backpulver oder 1 gestr. TL Natron (5 g)
200 g	Zucker
1 P.	Vanillezucker
4 Tr.	Bittermandelöl
2 EL	Rum
	etwas abgeriebene Zitronenschale
1 Msp.	Lebkuchengewürz
2	Eier
200 g	Butter
250 g	Magerquark
50 g	gehackte Mandeln
50 g	Sultaninen

Zum Bestäuben:

20 g	Puderzucker

Zubereitung:
Die Zutaten von Mehl bis Quark miteinander verkneten. Zum Schluss Mandeln und Sultaninen in den Teig einarbeiten.

Stollen formen. Auf ein mit Backpapier belegtes Backblech geben und im vorgeheizten Backofen bei 180 °C ca. eine Stunde backen. Abkühlen lassen und mit Puderzucker bestäuben.

Tipp

Dieses Stollenrezept lässt sich sehr leicht zubereiten.
Achten Sie darauf, dass der Quark trocken genug ist.

Backpulver sollte gegen Natron ausgetauscht werden, um Phosphat einzusparen.

Nach dem Backen können Sie den Stollen zusätzlich mit flüssiger Butter bestreichen.

1 Stück:
250 kcal ▪ 6 g E ▪ 3 BE
1 K-Punkt ▪ 3 P-Punkte
Mit Natron zubereitet =
1 K-Punkt ▪ 1 P-Punkt

Lebkuchen-Weihnachtsmänner

Grundrezept für 12 „geheimnisvolle Wesen"

Zutaten für den Teig:

50 g	Margarine
175 g	Zucker
1 P.	Vanillezucker
1	Ei
1	Eigelb
100 g	Honig
1/2 TL	gem. Anis
1	gestr. TL gem. Nelken
1	gestr. TL gem. Zimt
500 g	Mehl
1 P.	Backpulver oder 10 g Hirschhornsalz
30 ml	Milch

Zubereitung:
Fett schaumig rühren. Zucker, Ei, Honig und Gewürze hinzugeben. Mehl und Backpulver sieben und 2/3 davon abwechselnd mit der Milch unterrühren. Die restlichen Zutaten unterkneten und den Teig eine Zeit lang kalt stellen.

Danach 1/2 cm dick ausrollen und Weihnachtsmänner ausstechen. Diese auf ein mit Backpapier belegtes Backblech legen und im vorgeheizten Backofen bei 175–200 °C ca. 10 Minuten backen und abkühlen lassen.

Zum Verzieren:

200 g	Puderzucker
50 ml	Zitronensaft
24	Mandelhälften
	bunte Belegkirschen
	bunte Zuckerstreusel

Zubereitung:
Aus Puderzucker und Zitronensaft einen Guss herstellen. Die Weihnachtsmänner damit bestreichen, mit jeweils zwei Mandelhälften und klein geschnittenen Belegkirschen verzieren.

Tipp

Sie können den Lebkuchen auch mit phosphatfreiem Hirschhornsalz backen.

Hirschhornsalz wird zuerst in 1–2 Esslöffeln warmer Flüssigkeit gelöst (hierbei weniger von der angegebenen Milch nehmen) und dann verarbeitet. Beachten Sie dabei die Packungsanleitung.

1 Lebkuchenmann mit Verzierung:
360 kcal ▪ 6 g E ▪ 7 BE
1 K-Punkt ▪ 4 P-Punkte
Mit Hirschhornsalz zubereitet =
1 K-Punkt ▪ 1,5 P-Punkte

1 Lebkuchenmann ohne Verzierung:
270 kcal ▪ 5 g E ▪ 5 BE
1 K-Punkt ▪ 3,5 P-Punkte
Mit Hirschhornsalz zubereitet =
1 K-Punkt ▪ 1 P-Punkt

Stutenkerle

Grundrezept für 10 nette Kerle aus süßem Hefeteig:

500 g	Mehl
75 g	Zucker
1 Würfel	frische Hefe
100 g	Sahne
150 ml	Wasser
1	Ei

Zum Bestreichen:

1	Eigelb
10 ml	Milch

Zum Dekorieren nach Wahl:

20	Sultaninen für die Gesichter
10	Tonpfeifen (vom Bäcker)

Zubereitung:

Hier macht das Backen richtig viel Spaß! Zuerst einen Hefeteig zubereiten, eine halbe Stunde gehen lassen und anschließend zehn Stutenkerle daraus formen. Eigelb mit Milch verquirlen und die Teigoberfläche damit bestreichen. Mit den Sultaninen Augen bilden und die Pfeife in den Mund stecken.

Den Teig nochmals gehen lassen und bei etwa 180–200 °C im vorgeheizten Backofen ca. 15–20 Minuten goldbraun backen.

1 Stutenkerl:

250 kcal ▪ 7 g E ▪ 4,5 BE
1,5 K-Punkte ▪ 2 P-Punkte

Pikante Leckereien

Gemüsekuchen

Grundrezept für 12 Portionen:

375 g	Mehl
ca. 150 ml	Wasser
25 g	frische Hefe
1 Prise	Zucker
15 g	Olivenöl

Für den Belag:

750 g	Möhren
500 g	Zucchini
150 g	gekochte Brechbohnen
50 g	Zwiebeln
8 g	Olivenöl
150 g	gekochter Schinken (ohne Phosphatzusatz) (Scheiben)

Für den Guss:

4	Eier
300 g	saure Sahne
	Pfeffer
	Thymian

Zubereitung:
Zuerst einen Hefeteig herstellen und eine halbe Stunde gehen lassen.

Die Möhren der Länge nach halbieren, in kochendes Wasser geben und bissfest garen. Zucchini längs halbieren, in 1/2 cm dicke Scheiben schneiden und ebenfalls bissfest garen. Gemüse in ein Sieb abschütten, kurz mit kaltem Wasser abspülen und gut abtropfen lassen. Die Möhren mit einem Buntmesser (s. Tipp) in Scheiben schneiden. Zwiebeln würfeln und im Olivenöl goldgelb anrösten. Schinken in Würfel schneiden, zu den Zwiebeln geben und kurz erhitzen.

Ein Backblech mit Backpapier belegen. Hefeteig darauf ausrollen. Zuerst die Zwiebel-Schinken-Masse, dann das Gemüse darauf verteilen.

Eier und saure Sahne miteinander verquirlen, abschmecken und über dem gesamten Gemüsekuchen verteilen.

Backblech in den kalten Backofen schieben, Temperatur von 200 °C einstellen und den Gemüsekuchen ca. 40 Minuten backen.

In zwölf Stücke schneiden und heiß servieren.

Ein Buntmesser ist ein Spezialmesser in der Größe eines Schälmessers, dessen Klinge gewellt ist. Nach dem Schneiden sieht die Oberfläche des Schneidgutes gewellt aus. Ein normales Küchenmesser geht natürlich auch.

1 Portion:
240 kcal ▪ 11 g E ▪ 2,5 BE
4 K-Punkte ▪ 3 P-Punkte

Lauchtorte

Grundrezept für 8 Portionen:

Für den Mürbeteig:

200 g	Mehl
125 g	Margarine
1	Ei
2 EL	kaltes Wasser

Für den Belag:

500 g	Lauch
20 g	Semmelbrösel
4	Eier
200 g	Schmand
	Pfeffer
	Muskatnuss
150 g	grob geriebener mittelalter Gouda

Zubereitung:
Zutaten für den Mürbeteig miteinander verkneten und einige Zeit in den Kühlschrank stellen.

Für den Belag: Lauch in Ringe schneiden, ca. zwei Liter Wasser zum Kochen bringen und den Lauch darin fünf Minuten köcheln lassen. In ein Sieb abschütten, kurz mit kaltem Wasser abspülen und gut abtropfen lassen.

Eine Springform (28 cm) mit Backpapier auslegen. Zwei Drittel des Teiges flach auf den Boden der Form legen und mit einer Gabel mehrmals einstechen. Aus dem restlichen Teig einen vier bis fünf cm hohen Rand bilden und gut andrücken. Semmelbrösel auf den Teigboden streuen und den Lauch darauf geben.

Eier, Schmand, Würzzutaten und Käse zu einer Masse verarbeiten und über dem Lauch verteilen. Bei 200 °C ca. 60 Minuten backen und heiß servieren.

Beim Würzen den Salzgehalt des Käses beachten.
Statt Mürbeteig lässt sich auch Tiefkühl-Blätterteig verarbeiten.

1 Portion:
400 kcal ▪ 14 g E ▪ 2 BE
3 K-Punkte ▪ 4,5 P-Punkte

Fleischstrudel

Grundrezept für 5 Portionen:

1 Paket	Tiefkühl-Blätterteig (450 g; 6 Scheiben)
400 g	Rindergehacktes
200 g	Möhren
150 g	Weißkraut
5 g	Schnittlauch
2	ganze Eier
	Muskatnuss
	Pfeffer
30 g	Semmelbrösel

Zum Bestreichen:

1	Ei, getrennt

Zubereitung:
Blätterteig auftauen lassen. Die Platten zu einem Rechteck anordnen, dabei die Seitenteile geringfügig übereinander legen und fest andrücken. Alles zu einer Größe von etwa 45 x 20 cm ausrollen.

Möhren und Kohl in feine Streifen schneiden. Gemüse jeweils separat in kochendes Wasser geben und fünf Minuten köcheln lassen. Kochwasser abschütten und das Gemüse abkühlen lassen.

Fleisch, Gemüse, Schnittlauch, die zwei Eier, Semmelbrösel und Gewürze miteinander vermengen. Die Füllung auf einer Teighälfte der Länge nach verteilen, die andere darüber

klappen. Die Ränder mit Eiweiß bestreichen und gut andrücken.

Eigelb mit etwas Wasser verquirlen, die Oberfläche des Blätterteiges damit bestreichen und mit dem Messer mehrmals einritzen.

Den Strudel auf ein mit Backpapier belegtes Blech setzen, 15 Minuten ruhen lassen und bei 220 °C im vorgeheizten Backofen 40 Minuten backen. Noch heiß servieren.

Tipp Dazu: Kopf- oder Eisbergsalat mit Essig-Ölsoße

1 Portion:
660 kcal ▪ 28 g E ▪ 4 BE
5,5 K-Punkte ▪ 6 P-Punkte

Schinkenhörnchen

Grundrezept für 18 Stück:

1 Paket	Tiefkühl-Blätterteig (450 g; 6 Scheiben)
50 g	Zwiebeln
5 g	Margarine
150 g	milder gekochter Schinken (ohne Phosphatzusatz) (Scheiben)
	Pfeffer
50 g	geriebener mittelalter Goudakäse
2 g	gehackte Petersilie
1	Eigelb

Zubereitung:
Blätterteig auftauen. Zwiebeln fein würfeln und in der Margarine glasig dünsten. Schinken ebenfalls fein würfeln und nur kurz mit den Zwiebeln zusammen erhitzen, mild pfeffern, Petersilie und Käse zugeben.

Blätterteig rechteckig ausrollen und insgesamt 18 Dreiecke daraus schneiden. Eigelb mit Milch verquirlen und die Ränder damit bestreichen. Auf die Breitseite etwas Füllung geben und zur Spitze hin zu einem Hörnchen aufrollen.

Backblech mit Wasser benetzen (nicht einfetten) oder mit Backpapier auslegen, die Hörnchen darauf setzen und bei 225 °C im vorgeheizten Backofen etwa 20 Minuten knusprig backen.

1 Stück:
140 kcal ▪ 4 g E ▪ 1 BE ▪ 1 K-Punkt ▪ 1 P-Punkt

Ein bunt gedeckter Frühstücks-
tisch sorgt für gute Laune
schon am frühen Morgen.
Genießen Sie diese Mahlzeit
und läuten Sie mit einem
gemütlichen Abendbrot den
Ausklang des Tages ein.
Lassen Sie bei der Auswahl des
Essens Ihre Fantasie spielen
und probieren Sie auch mal
etwas Neues aus.

BROTBELAG

Süßer Brotbelag

Konfitüre und Honig sind ein stets beliebter Brotbelag. Wählen Sie Konfitüre oder Gelee unterschiedlicher Obstsorten aus: Ananas, Apfel, Brombeere, Heidelbeere, Himbeere, Holunderbeere, Johannisbeere, Quitte, Sanddorn, Sauerkirsche, Waldfrucht u.a.m.

Apfel-, Birnen- und Rübenkraut sowie Pflaumenmus haben einen sehr hohen Kaliumgehalt und sind nicht zu empfehlen. Das gilt auch für Nuss-Nougat-Brotaufstrich.

Selbstgemachte Konfitüre

Kochen Sie Ihre Lieblingskonfitüre selbst. Die Rezeptur, bestehend aus jeweils gleichen Teilen Früchten bzw. Fruchtsaft und Gelierzucker (1 : 1), enthält vergleichsweise weniger Kalium als Konfitüre, die aus zwei Teilen Früchten und nur einem Teil Gelierzucker gekocht wurde.

Wenn die Konfitüre nicht richtig geliert, etwas Zitronensaft dazugeben. Dies verstärkt zusätzlich den Fruchtgeschmack.

Minzeblättchen, Vanille und Zimtstange geben wahlweise ihre eigene geschmackliche Note. Alkohol grundsätzlich erst am Ende der Kochzeit zugeben, da sonst sein Aroma zu stark verloren geht. Rum, aber auch Liköre wie Minzlikör und Cointreau bieten sich an.

Herzhafter Brotbelag – wählen Sie aus

- Quark, natur (ist ungesalzen) und mit Kräutern, Rahmfrischkäse
- körniger Frischkäse, Schmand, Mascarpone
- Schnitt- und Weichkäse
- Ei, Gemüsesülze, Fleischwaren in Aspik
- Brühwurst, auch Geflügelbrühwurst, Fleischpasteten, gekochter Schinken (ohne Phosphatzusatz oder als Bio-Ware)
- Leber- und Blutwurst
- kalter Braten
- Beim Einkauf auf den jeweiligen Fett-Salzgehalt achten.

Vegetarischer Brotaufstrich

- In Reformhäusern, -abteilungen und Drogeriemärkten gibt es Brotaufstriche auf pflanzlicher Basis (Hefe) zu kaufen. Der Phosphatgehalt liegt etwa gleich hoch wie bei Wurst.

Einige im Handel erhältliche Produkte:

- *Le Parfait* von der Firma Nestlé (Geschmacksrichtung Hausmacher, Kräuter, Mildfein, Rauchzart)
- *Vegetarische Pasteten* von der Firma granoVita

Probieren Sie doch mal die Geschmacksrichtung *„Hausmacher Art"* aus. Auf die Geschmacksrichtungen *„Tomate"* und *„Champignon"* sollten Sie verzichten, da der Kaliumgehalt hierbei vergleichsweise höher liegt.

Saftig frische Butterbrote

So werden sie gemacht:

- Zwei kleinere Scheiben Schnittbrot oder ein Brötchen dünn mit Margarine (Butter) bestreichen.
  Auf die eine Hälfte ein kleines Blatt Kopf- oder Eisbergsalat sowie drei bis fünf frische Gurken- oder Radieschenscheiben legen. Dadurch bekommt das Brot einen saftig frischen Geschmack. Eine Portion herzhaften Brotbelag darauf verteilen und die andere Brothälfte darüber klappen.
- Knäckebrot ist als belegtes Brot zum Mitnehmen ungeeignet, da es zäh wird.

Erdbeerbutter

Zutaten für 1 Portion:

20 g	Erdbeere
10 g	Butter
2 g	Puderzucker
	wenig abgeriebene unbehandelte Zitronenschale

Zubereitung:
Die Erdbeere pürieren oder mit der Gabel zerquetschen und unter die Butter kneten. Mit Puderzucker und Zitronenschale abschmecken.

Schmeckt sehr lecker zu frischen Brötchen oder Toastbrot.

1 Portion:
90 kcal ▪ 0 g E ▪ 0 BE
0,5 K-Punkte ▪ 0,2 P-Punkte

Radieschen-Quarkaufstrich

Zutaten für 1 Portion:

20 g	Radieschen
30 g	Magerquark
20 g	saure Sahne
	bunter Pfeffer

Zubereitung:
Radieschen fein raffeln und mit den übrigen Zutaten vermischen.

Tipp Schmeckt auch mit frischer Gurke.

1 Portion:
50 kcal ▪ 5 g E ▪ 0 BE
1,5 K-Punkte ▪ 1,5 P-Punkte

Getreideflocken sind eine beliebte Abwechslung zum herkömmlichen Butterbrot. Da sie aus vollem Getreidekorn bestehen, müssen sowohl der Kalium- als auch der Phosphatgehalt in besonderem Maße berücksichtigt werden. Cornflakes sind außerdem gesalzen.
Ceres ist die römische Göttin der Feldfrucht und des Wachstums.

FRÜHSTÜCKSCEREALIEN

Müslizutaten

Wählen Sie unter folgenden Zutaten aus:

- Haferflocken, klein- oder großblättrige (eine kleine Portion)
- Reispops aus geschältem Reis, evtl. selbst hergestellt
- Fertigmüsli ohne Zusätze von Trockenfrüchten, Schokolade oder Nüssen (eine kleine Portion ist möglich)
- Cornflakes (Maisflocken) gegen einen Teil der Müsliflocken austauschen, um den Kalium- und Phosphatgehalt zu verringern.
- Milch durch ein Gemisch aus Sahne und Wasser oder Sojadrink ohne Phosphatzusatz ersetzen.
- kaliumarmes Obst
- Zitronensaft zum Verfeinern (enthält viel Vitamin C)
- Zucker (auch Vanillezucker), Honig oder Süßstoff zum Süßen

Cornflakes mit Erdbeermilch

Zutaten für 1 Portion:

30 g	Cornflakes

Für die Erdbeermilch:

40 g	Sahne
60 ml	Sprudelwasser
50 g	frische Erdbeeren
8 g	Zucker
	etwas Zitronensaft

Zubereitung:
Zuerst Erdbeeren und Wasser mit dem Pürierstab des Handrührgerätes zerkleinern. Nunmehr die Sahne zugeben, die Erdbeermilch abschmecken und über die Cornflakes gießen.

Tipp

Erdbeeren haben einen verhältnismäßig niedrigen Kaliumgehalt und können deshalb in kleinen Mengen roh verzehrt werden.

Zucker kann bei Bedarf durch Süßstoff ersetzt werden.

Variieren Sie die Obstsorten für die Fruchtmilch nach Ihrem Geschmack.

1 Portion:
280 kcal ▪ 4 g E ▪ 3,5 BE
2 K-Punkte ▪ 1 P-Punkt

Die tägliche Trinkmenge:
Bei fehlender Restausscheidung wird im Allgemeinen eine Trinkmenge von etwa 500–800 ml empfohlen. Bei noch vorhandener Restausscheidung wird diese Menge (Harnvolumen der letzten 24 Stunden) zur bereits erwähnten Trinkmenge hinzugezählt, z. B. 300 ml. Bei noch normaler Harnproduktion wird die Trinkmenge daran angepasst, z. B. 1,5 l. Hierbei entspricht die Einfuhr der Ausfuhr.

Alkoholgenuss sollte möglichst mit dem Arzt besprochen werden.

GETRÄNKE

Teegetränke

- Mischen Sie verschiedene Teesorten untereinander, um die geschmackliche Vielfalt zu erweitern.
- Nehmen Sie wahlweise wenig Zucker, weißen Kandiszucker, Honig oder Süßstoff zum Süßen.
- Zitronensaft verstärkt den Geschmack des Getränkes.
- Sahne und Gewürze geben zu guter Letzt einen kleinen Pfiff dazu.
- Kalter gesüßter Früchtetee kommt geschmacklich dem sonst kaliumreichen Fruchtsaft sehr nahe.
- Brauner Zucker enthält Kalium und sollte vermieden werden.
- 1 Tasse (150 ml) Tee enthält 0,2 Kaliumpunkte
- Beachten Sie, dass Brennnesseltee vergleichsweise kaliumreich ist.

Kaffeegetränke

- Kaffee lässt sich mit einer entsprechenden Zugabe von Weinbrand und einem Sahnehäubchen in ein genussvolles Getränk umwandeln.
- 1 Tasse (150 ml) Kaffee enthält 1 Kaliumpunkt

Weitere Informationen zu Getränken erhalten Sie in dem Buch „Dialysegerechte Ernährung“.

Wintertee

Zutaten für 1 Becher:

1 Beutel	Schwarzer Tee
1 kl.	Stückchen Zimtstange
150 ml	kochendes Wasser
50 ml	leicht erwärmter Rotwein
10 ml	Orangensaft, frisch gepresst
1 kl.	Zitronenecke
5 g	Zucker oder Süßstoff

Zubereitung:
Teebeutel und Zimtstange mit kochendem Wasser übergießen. Rotwein, Orangensaft und Zitronenecke dazugeben und nach Geschmack süßen.

1 Becher:
60 kcal ▪ 0 g E ▪ 1 BE
1,5 K-Punkte ▪ 0,2 P-Punkte

Apfelsaftschorle

Zutaten für 1 Glas:

80 ml	Apfelsaft
50 ml	Sprudelwasser

1 Glas:
50 kcal ▪ 0 g E ▪ 1 BE
1 K-Punkt ▪ 0,2 P-Punkte

Erdbeerbowle

Grundrezept für 14 Gläser, je 200 ml:

500 g	frische Erdbeeren	
50 g	Zucker	
	Saft von 1/2 Zitrone (25 ml)	
1 Flasche	Weißwein	(0,75 l)
1 Flasche	trockener Sekt	(0,75 l)
1 Flasche	Sprudelwasser	(0,70 l)

Zubereitung:
Früchte grob zerkleinern. Mit Zucker und einem Teil des Weines ansetzen und für einige Zeit ziehen lassen. Mit der restlichen Flüssigkeit auffüllen und gekühlt servieren.

1 Glas:
110 kcal ▪ 0 g E ▪ 1 BE
2 K-Punkte ▪ 0,5 P-Punkte

Sekt mit Vanilleeis

Zutaten für 1 Sektglas:

100 ml	Sekt
30 g	Vanilleeis (1 kleine Kugel)

Zum Garnieren:
Zuckerrand für das Glas

1 kl.	Minzeblättchen

1 Sektglas:
120 kcal ▪ 1 g E ▪ 1 BE
1 K-Punkt ▪ 0,5 P-Punkte

Vielen Menschen mit Diabetes bleibt im Laufe ihrer Erkrankung die Behandlung an der Dialyse nicht erspart.
Nunmehr müssen die allgemeinen Ernährungsregeln einer Diabeteskost mit denen einer dialysegerechten Ernährung in Einklang stehen, wobei letztere den absoluten Vorrang haben. Dennoch ist das Essen abwechslungsreich und schmackhaft.

Einige Beispiele:

Milch, Joghurt, Dickmilch, Buttermilch und Kefir sind sowohl kalium- als auch phosphatreich. Daher werden diese Milchprodukte bevorzugt durch ein Gemisch aus Sahne und Wasser, Soja- oder Reisdrink ohne Phosphatzusatz ersetzt bzw. auf ein Minimum reduziert. Im Handel gibt es weitere geeignete Sojaprodukte.
Der mengenmäßige Verzehr von Gemüse, Obst (jeweils 150–250 g/Tag) und Kartoffeln hält sich bei erforderlicher eingeschränkter Kaliumzufuhr im Rahmen. Zudem ist der hohe Wassergehalt zu beachten.
Phosphat- und kaliumreiche Vollkornprodukte wie Nudeln und Reis werden gegen helle Sorten ausgetauscht. Auf Grünkern ist ebenfalls zu verzichten.
Der hohe Kalium- und Phosphatgehalt von Müsliflocken (Vollgetreide) wird durch Zugabe von Cornflakes oder Reispops aus geschältem Reis pro Portion vermindert.
Der tägliche Eiweißbedarf beträgt 1,2 g pro kg Sollgewicht. Daher muss auf eine ausreichende Eiweißzufuhr geachtet werden (Fleisch, Fisch, Eier, Brotbelag, Quark, Nudeln).

Phosphatbinder sind bei Bedarf nach ärztlicher Verordnung in entsprechender Menge zu den Mahlzeiten einzunehmen.

ERNÄHRUNG BEI DIABETES MELLITUS

Auch für Diabetiker ist eine ausreichende Energiezufuhr wichtig. Gleichzeitig sollte das Körpergewicht beachtet und das Sollgewicht zusammen mit dem Dialysearzt festgelegt werden. Weniger Körperpfunde bedeuten in der Regel eine bessere Blutzuckereinstellung sowie die Entlastung von Herz und Kreislauf.

Die BE-Verteilung muss der Insulintherapie angepasst werden.

1 BE entspricht einer Schätzgröße von 10–12 g Kohlenhydraten, da es sich um natürliche Schwankungsbreiten handelt. Die unterschiedlichen Kohlenhydrate, z.B. aus Saft, Obst, Weißbrot, Kartoffeln und Müsli, lassen den Blutzuckerspiegel unterschiedlich schnell ansteigen.

Gesüßt werden kann mit kalorienfreiem Süßstoff.

Fruchtzucker bietet in der Diabetikerkost keine nennenswerten Vorteile. Es kommt auch hierbei zum Blutzuckeranstieg.

Kleinere Mengen Haushaltszucker sind erlaubt und können über den Tag verteilt aufgenommen werden. Allerdings sollte der Zucker in der Mahlzeit gut „verpackt“ sein, z.B. in Form von Kuchen, Keksen und evtl. Schokolade, hier sind Fett, Mehl und Ballaststoffe enthalten sind. Zum Mittagessen darf es auch ein mit normalem Zucker gesüßtes Eis als Nachspeise sein.

Vollständige Mahlzeiten enthalten Fett und Eiweiß, dadurch wird eine längere Verweildauer im Magen begünstigt und ein rascher Blutzuckeranstieg verhindert. Der Diabetiker kann die Aufnahme solcher Speisen austesten und den Blutzuckerverlauf sorgfältig beobachtet.

Eine mit Süßstoff gesüßte Diät-Marmelade sollte trotz allem gegenüber einer mit Zucker gesüßten Marmelade bevorzugt werden.

Der tägliche Eiweißbedarf wird in der Regel gut erreicht. Die Zufuhr entspricht den allgemeinen Empfehlungen (s. Seite 16 und 17).

Der Phosphatgehalt einer gemischten Diabeteskost liegt erfahrungsgemäß zwischen 1.000–1.200 mg Phosphor pro Tag. Da in der Regel vermehrt Brot gegessen wird, ist möglichst ein mit Hefe gebackenes Weizenbrot dem an Phosphat reicheren Sauerteig- und Vollkornbrot vorzuziehen. Der Verzehr von Müsliflocken ist ebenfalls einzuschränken.

Dialysepatienten mit Peritonealdialyse ist von Haushaltszucker weitgehend abzuraten, da aus dem Dialysat bereits Glukose ins Blut übergeht. Dies ist auch eine Ursache dafür, dass es zu Gewichtsproblemen und zum Anstieg der Neutralfette (Triglyzeride) im Blut kommt. Das Dialysat ist mit bis zu ca. 400–500 kcal/Tag (entsprechend 100–125 g Glukose) zu berücksichtigen. Zu empfehlen sind hierbei kalorienfreier Süßstoff und mit Süßstoff gesüßte Konfitüre.

Obwohl bei der Kostauswahl viele Merkmale für eine bestmögliche Ernährung zu berücksichtigen sind, kann das Essen dennoch vielseitig gestaltet werden. Probieren Sie dazu auch andere Rezepte aus diesem Kochbuch aus.

Dänischer Nudelsalat

Zutaten für 1 Portion:

25 g	helle Nudeln
25 g	Erbsengemüse, Dose, abgetropft
25 g	Möhrengemüse, Dose, abgetropft
20 g	Gewürzgurke
25 g	gekochter Schinken (ohne Phosphatzusatz) oder gegartes Fleisch

Für die Salatsoße:

5 g	Salatmayonnaise
10 g	saure Sahne
	Essig nach Geschmack
10 ml	Gurkenbrühe
	wenig Senf
	Pfeffer

Zubereitung:
Nudeln nach Packungsanleitung ohne Salzzugabe kochen, abschütten und mit kaltem Wasser abspülen. Gewürzgurke und Schinken klein schneiden.

Die Zutaten für die Salatsoße verrühren, alles miteinander vermischen und gut durchziehen lassen.

Dem Kochwasser etwas Öl beigeben, damit es nicht überkocht.
Helle Nudeln haben einen niedrigeren Phosphatgehalt als Vollkornnudeln.

1 Portion:
190 kcal ▪ 10 g E ▪ 2 BE
2,5 K-Punkte ▪ 2 P-Punkte

Zwei-BE-Reis

Zutaten für 1 Portion:

25 g	Reis, poliert, parboiled, roh

Zubereitung Quellreis:
Reis in der doppelten Menge Wasser kochen und ausquellen lassen.

1 Portion:
90 kcal ▪ 2 g E ▪ 2 BE
0,2 K-Punkte ▪ 0,5 P-Punkte

Vanillepudding mit Obst

Zutaten für 1 Portion:

40 g	Sahne
80 ml	Wasser
7 g	Vanillepuddingpulver
	Süßstoff nach Geschmack
1/2 BE	kaliumarmes Obst (ca. 50 g)

Zubereitung:
Aus Sahne, Wasser, Puddingpulver und Süßstoff einen Pudding kochen und mit dem Obst garnieren.

1 Portion:
170 kcal ▪ 1 g E ▪ 1 BE
1 K-Punkt ▪ 1 P-Punkt

Quark-Pfirsichbecher

Zutaten für 1 Portion:

60 g	Magerquark
20 ml	Milch
1 TL	Zitronensaft
	Süßstoff nach Geschmack
70 g	gekochter Pfirsich, abgetropft
1	Minzeblatt

Zubereitung:
Quark und Milch miteinander verrühren, mit Zitronensaft und Süßstoff abschmecken.

Pfirsich in Spalten schneiden, mit dem Quark schichtweise in ein Glas füllen, garnieren und gekühlt servieren.

1 Portion:
90 kcal ▪ 9 g E ▪ 1 BE
2 K-Punkte ▪ 2,5 P-Punkte

Götterspeise mit Mandarinen

Zutaten für 5 Portionen:

1 P.	ungezuckerte Götterspeise Waldmeister-Geschmack
1/2 l	Wasser
	Süßstoff nach Geschmack
2 TL	Zitronensaft
250 g	Mandarin-Orangen, ungesüßt (Dose), abgetropft

Zubereitung:
Wasser in einen kleinen Kochtopf geben. Geleepulver einrühren. Fünf Minuten zum Quellen stehen lassen. Danach unter Rühren mäßig erhitzen, bis alles gelöst ist. Nicht zum Kochen bringen. Mit Süßstoff und Zitronensaft abschmecken und etwas abkühlen lassen.

Mandarinenspalten auf fünf Schälchen verteilen und mit der Flüssigkeit auffüllen. Für einige Stunden in den Kühlschrank stellen.

Den hohen Wassergehalt der Süßspeise beachten. Wenn die Götterspeise anfängt zu gelieren, lässt sich wahlweise geschlagene Sahne unterziehen (Kalorien beachten). Geschmackliche Variationen sind möglich.

1 Portion:
30 kcal ▪ 2 g E ▪ 0,5 BE
1 K-Punkt ▪ 0,2 P-Punkte

Zwei-BE-Waffeln

Zutaten für 1 Waffel:

15 g	Margarine
20 g	Ei (1/2 kl. Ei)
30 g	Mehl
1 Msp.	Backpulver oder 1 kl. Msp. Natron
20 g	Magerquark
20 ml	Milch
	Süßstoff nach Geschmack

Für das Waffeleisen:

wenig Margarine zum Einfetten

Zubereitung:
Margarine und Ei schaumig rühren. Mehl mit Backpulver mischen und darunter rühren. Quark und Milch zugeben und mit Süßstoff abschmecken.

Waffeleisen einfetten, den Teig einfüllen und die Waffel goldgelb backen.

Sie können den Teig mit Vanille, Zitronenschale oder Zimt geschmacklich variieren.
Das Backpulver lässt sich durch eine kleine Messerspitze phosphatfreies Natron ersetzen.

1 Waffel:
270 kcal ▪ 9 g E ▪ 2 BE
1,5 K-Punkte ▪ 3 P-Punkte
Mit Natron zubereitet =
1,5 K-Punkte ▪ 2,5 P-Punkte

Neben allerlei Zutaten und Küchenutensilien brauchen junge Hobbyköche natürlich jede Menge Spaß am Kochen, auch Mut, etwas Neues auszuprobieren und eine Portion reger Fantasie.

Mit dem Essen alleine ist es nicht getan. Zu einem leckeren Essen gehören natürlich auch ein bunt gedeckter Tisch, nette Gäste und ein gesunder Appetit.

Spielregeln fürs Kochen

Anfänger wählen zu Beginn Rezepte aus, die leicht nachzukochen sind, z. B. Pudding.

Das Rezept oder die Packungsanleitung in Ruhe durchlesen.

Nachschauen, ob alle Zutaten vorrätig sind.

Die einzelnen Arbeitsschritte überlegen; was wird zuerst gemacht?

Kochbestecke und Topflappen bereitlegen.

Mit dem Kochherd und Backofen vertraut machen.

Glasscherben vermeiden: Ehe eine heiße Speise in eine Kristallschüssel gefüllt wird, sollte die Schüssel mit kaltem Wasser ausgespült und auf ein nasses Küchentuch gestellt werden.

Damit Backpapier auf dem Backblech nicht verrutscht, wird das Blech zuvor mit ganz wenig Wasser benetzt und erst dann das Backpapier darauf gelegt.

REZEPTE FÜR JUNGE HOBBYKÖCHE/INNEN

Spaghetti alla carbonara

Zutaten für 4 Portionen:

300 g	Spaghetti
	Kochwasser
1 TL	Olivenöl
100 g	gekochter Schinken (ohne Phosphatzusatz)
15 g	Olivenöl (2 EL)
75 g	Sahne
50 ml	Wasser
2	Eier
80 g	geriebener mittelalter Goudakäse
2 g	gehackte Petersilie

Zubereitung:
Spaghetti in reichlich ungesalzenem Wasser nach Packungsvorschrift kochen. Damit das Wasser nicht überkocht, Öl dazugeben und den Topfdeckel nicht schließen. Wenn die Nudeln gar sind, in ein Sieb schütten, kurz mit kaltem Wasser abspülen und abtropfen lassen.

Schinken in 1 cm breite Würfel schneiden. Olivenöl in einen Topf geben, leicht erhitzen und den Schinken darin kurz anschwitzen. Zum Schluss die Spaghetti dazugeben.

Sahne, Wasser und Eier in eine Schüssel geben und mit dem Schneebesen verschlagen, Käse zugeben und die Eiermasse über die Spaghetti gießen. Alles erhitzen, zwischendurch mit dem Kochlöffel umrühren und aufpassen, dass nichts am Topfboden anbrennt.

In eine vorgewärmte Schüssel füllen und mit Petersilie bestreut zu Tisch bringen.

Tipp

Dazu schmeckt ein knackiger Kopfsalat mit Essig-Ölsoße.

1 Portion:
520 kcal ▪ 23 g E ▪ 5,5 BE
3 K-Punkte ▪ 6 P-Punkte

Eichblattsalat mit Essig-Ölsoße und Röstbrotwürfeln (Croûtons)

Zutaten für 1 Portion:

50 g	Eichblattsalat

Zutaten für die Salatsoße:

3 g	Öl (1 TL)
1 TL	Obstessig
	Pfeffer
1 kl. Prise	Zucker
2 g	gehackte Kräuter (1 TL)

Für die Röstbrotwürfel:

1/4	Weißbrotscheibe (8 g)
5 g	Margarine

Zubereitung:
Weißbrot in Würfel schneiden. Margarine in einer beschichteten Pfanne zerlassen. Brotwürfel darin bei mittlerer Hitzezufuhr unter ständigem Wenden goldgelb anrösten und abkühlen lassen.

Eichblattsalat zerpflücken. Die Zutaten für die Salatsoße miteinander verrühren und mit dem Salat vermengen.

Röstbrotwürfel über dem Salat verteilen.

Tipp: Statt Eichblattsalat eignet sich auch Kopfsalat. Croûtons gibt es auch fertig zu kaufen.

1 Portion:
90 kcal ▪ 1 g E ▪ 0,5 BE
2 K-Punkte ▪ 0,5 P-Punkte

Zimt-Schnitte – eine Frühstücksidee aus Japan

Zutaten für 1 Portion:

30 g	Weißbrotscheibe, möglichst dick geschnitten
5 g	Butter oder Margarine
3 g	Zimtzucker (1 TL)

Zubereitung:
Brotscheibe mit Fett bestreichen, mit Zimtzucker bestreuen und im Tischgrill überbacken.

1 Portion:
120 kcal ▪ 2 g E ▪ 2 BE
0,5 K-Punkte ▪ 0,5 P-Punkte

Frischkäse-Dip

Zutaten für 5 Portionen:

100 g	Doppelrahmfrischkäse
75 g	saure Sahne (1/2 Becher)
2 EL	Sprudelwasser
	frisch gem. bunter Pfeffer
3 Tropfen	Zitronensaft
5 g	Schnittlauchröllchen (2 TL)
	Paprikapulver

Zum Dippen:

200 g	frische Gurke
5	Grissini (35 g) (aus hellem Mehl)

Zubereitung:
Käse, saure Sahne und Sprudelwasser in einer Schüssel mit dem Schneebesen glatt rühren. Mit Pfeffer und Zitronensaft abschmecken und zum Schluss den Schnittlauch dazugeben.

Die Käsecreme in eine Schale füllen und mit Paprikapulver bestreuen.

Gurke samt Schale der Länge nach in fingerdicke Stifte schneiden und auf einen Teller legen.

Die Brotstangen in ein hohes Glas stellen. Nunmehr startet das fröhliche Dip-Vergnügen.

1 Portion:
120 kcal ▪ 3 g E ▪ 0,5 BE
1,5 K-Punkte ▪ 1 P-Punkt

Tipp

Grissini sind italienische Trockenbrotstangen (Breadsticks), die es in Lebensmittelmärkten zu kaufen gibt.
Dieses Knabbergebäck ist dem Zwieback ähnlich.

Bei den Gurken ist der hohe Wassergehalt zu berücksichtigen.

Birnenmäuschen

Zutaten für 2 Portionen:

2	Scheiben Zwieback
2	Birnenhälften, Dose, abgetropft (100 g)

Für die Saftsoße:

100 ml	Birnensaft, Dose
3 g	Vanillepuddingpulver (1 TL)
3	Tropfen Zitronensaft

Zum Verzieren:

4	einzelne Cornflakes
2	einzelne Spätzle
4	Gewürznelken
2	halbe gekochte Kirschen oder 2 kl. Kleckse rote Konfitüre

Zubereitung:
Jeweils einen Zwieback in ein Glasschälchen geben. Darauf die Birnenhälfte mit der Schnittfläche nach unten legen.

An der spitzen Seite der Birne jeweils zwei Nelken als Augen und zwei Cornflakes als Ohren in die Frucht stecken. Die Kirschhälfte stellt das Schnäuzchen der Maus dar. Das Schwänzchen bildet jeweils ein Stück Spätzle.

Für die Saftsoße: Birnensaft in einen kleinen Topf geben und zum Kochen bringen. Das Puddingpulver mit zwei Esslöffeln kaltem Wasser anrühren und unter Rühren den kochenden Saft damit binden. Mit Zitronensaft abschmecken und über den Rücken der beiden Mäuschen gießen.

1 Portion:
130 kcal ▪ 1 g E ▪ 3 BE
1 K-Punkt ▪ 0,5 P-Punkte

Arme Ritter mit Apfelmus

Zutaten für 2 Portionen:

50 g	Weißbrotscheiben, leicht angetrocknet (1–2 Tage alt)

Für die Eiermilch:

30 g	Sahne
50 ml	Wasser
1	kl. Ei
15 g	Margarine zum Ausbacken (1 EL)
150 g	Apfelmus

Zubereitung:

Die Brotscheiben halbieren.

Sahne, Wasser und Ei in einer flachen Schüssel verschlagen. Brotscheiben nach und nach hineinlegen und mit der Eiermilch vollsaugen lassen.

Margarine in einer beschichteten Pfanne bei mittlerer Hitzezufuhr zerlassen. Die Armen Ritter darin von beiden Seiten goldbraun backen.

Mit dem Apfelmus servieren.

Tipp: Dazu schmeckt auch Zimtzucker oder Vanillesoße.

1 Portion:
250 kcal ▪ 5 g E ▪ 3 BE
2 K-Punkte ▪ 2 P-Punkte

Grießschnitte mit Pfirsichsoße

Zutaten für 2 Portionen:

50 g	Sahne
150 ml	Wasser
30 g	Weizengrieß
10 g	Zucker
	etwas abgeriebene Zitronenschale

Für die Fruchtsoße:

100 g	Pfirsich, Dose, abgetropft
	einige Tropfen Zitronensaft

Zubereitung:

Für die Grießschnitte: Sahne und Wasser zum Kochen bringen. Grieß in die kochende Flüssigkeit einstreuen und unter Rühren (Schneebesen) zu einer dicklichen Masse kochen.

Eine flache Form mit kaltem Wasser ausspülen, den noch heißen Grießbrei etwa 1 cm dick einfüllen, glatt streichen und erkalten lassen.

Für die Fruchtsoße: Die Pfirsiche mit dem Pürierstab des Handmixers zerkleinern und mit Zitronensaft abschmecken.

Grießschnitte in zwei Scheiben (oder Würfel) schneiden und mit der Pfirsichsoße übergießen.

1 Portion:
180 kcal ▪ 2 g E ▪ 2,5 BE
1,5 K-Punkte ▪ 1 P-Punkt

Blinder Fisch

Zutaten für 2 Portionen:
1 Rezept Grießschnitte, wie zuvor beschrieben, zubereiten

Zum Panieren:

1	kl. Ei
20 g	Semmelbrösel
20 g	Margarine zum Ausbacken

Zubereitung:
Das Ei aufschlagen, in einen Suppenteller geben und mit der Gabel verquirlen. Semmelbrösel in einen zweiten Suppenteller streuen.

Grießschnitte zuerst im Ei und dann in den Semmelbröseln wälzen.

Margarine in einer beschichteten Bratpfanne erhitzen und den „Blinden Fisch" von beiden Seiten bei mittlerer Hitze goldgelb backen.

1 Portion:
300 kcal ▪ 6 g E ▪ 2,5 BE
1 K-Punkt ▪ 2 P-Punkte

Puffreis – für Naschkätzchen

Zutaten für 5 Portionen:

60 g	polierter Langkornreis
	Sonnenblumenöl zum Ausbacken
3 g	fein zermahlener Zucker oder Puderzucker (1 TL)

Zubereitung:
Einen hohen Kochtopf mit Deckel auswählen. Sonnenblumenöl in einer Höhe von 2 mm auf den Topfboden gießen, dieser muss ganz bedeckt sein.

Nunmehr mittlere Hitze zuführen. Den Reis gleichmäßig auf dem Topfboden verteilen. Den Deckel schließen und warten, bis die Reiskörner aufpuffen.

Sobald die Puff-Geräusche nachlassen, den Topf vom Herd nehmen. Den Reis in eine bereitgestellte Schüssel füllen und mit dem Zucker vermischen.

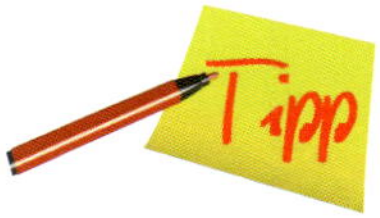

Der Topfboden speichert sehr viel Hitze, daher muss der Reis, wenn er aufgepoppt ist, rasch aus dem Topf genommen werden, denn sonst würde er sehr leicht verbrennen. Dieser Puffreis enthält weniger Kalium als Popcorn (Mais).

1 Portion:
60 kcal ▪ 1 g E ▪ 1 BE
0,2 K-Punkte ▪ 0,2 P-Punkte

Gummibärchen – selbst gemacht

Grundrezept für 10 Portionen:

2 P.	ungezuckerte Götterspeise (ausreichend für 1 Liter Wasser; z. B. Himbeergeschmack)
150 g	Zucker
1/4 Liter	Wasser
1 TL	Zitronensaft

Zubereitung:
Zuerst 1/4 Liter kaltes Wasser in einen Stieltopf geben, das gesamte Pulver einstreuen und fünf Minuten quellen lassen. Zucker zugeben.

Erst jetzt den Topf auf die Herdplatte stellen und mäßige Hitze zuführen. Dabei so lange umrühren, bis sich das Pulver gelöst hat. Nicht zu stark rühren, sonst bildet sich unnötiger Schaum. Die Süßspeise darf nicht kochen! Zitronensaft zum Schluss dazugeben.

Eine flache Schale mit kaltem Wasser ausspülen, die „Bärchenmasse“ einfüllen und abkühlen lassen. Zum Erstarren für ca. sechs Stunden in den Kühlschrank stellen.

Danach die Masse vorsichtig lösen, dazu die Schale kurz in ein heißes Wasserbad stellen und auf ein Schneidbrett stürzen.

Dann geht der Bärchenspaß erst richtig los! Mit kleinen Ausstechförmchen Bärchen und andere lustige Figuren ausstechen. Reste dürfen zwischendurch genascht werden.

Für die Zubereitung der Gummibärchen eignet sich am besten ungezuckertes Götterspeise-Pulver. Die Geschmacksrichtung der „Bärchen“ bleibt jedoch jedem überlassen.

Noch etwas! Wie wäre es, wenn ihr eine Vanillesoße zubereitet und die Figuren erst einmal „schwimmen“ lasst. Das könnte eine lustige Idee für euren nächsten Geburtstag sein.

Bei meinen Rezeptproben habe ich bereits selbst viel Spaß gehabt und hoffe, dass es euch auch so geht.

1 Portion:
70 kcal ▪ 2 g E ▪ 1,5 BE
0 K-Punkte ▪ 0 P-Punkte

Gummibärchen mit Süßstoff

Der Zucker lässt sich mühelos durch Süßstoff ersetzen. Das Rezept wie zuvor beschrieben verarbeiten.

1 Portion:
10 kcal ▪ 2 g E ▪ 0 BE
0 K-Punkte ▪ 0 P-Punkte

Fantakuchen – lecker und beliebt

Grundrezept für 20 Stücke:

3	Eier
400 g	Zucker
180 g	Sonnenblumenöl
200 ml	Fanta (Orangenlimonade)
400 g	Mehl
5 g	Natron

Für den Belag:

400 g	Schmand
1 P.	Vanillezucker
200 g	Sahne
1 P.	Sahnesteif (ohne Phosphatzusatz/E 341)

Zum Bestreuen:

20 g	Zucker
2 TL	gemahlener Zimt

Außerdem:

Backpapier

Zubereitung:
Eier und Zucker in einer Backschüssel mit den Rührbesen des Handrührgerätes schaumig schlagen. Anschließend Sonnenblumenöl und Fanta unterrühren. Das Mehl mit dem Natron vermischen und unter die Eiermasse geben.

Ein Backblech mit Backpapier auslegen. Den Teig darauf verteilen. Den Backofen zuvor auf 175 °C vorheizen. Das Blech auf der mittleren Schiene in etwa 25 Minuten goldgelb backen. Danach den Teig auf dem Blech abkühlen lassen.

Den Schmand mit dem Vanillezucker verrühren. Die Sahne mit dem Sahnesteif steif schlagen und unter den Schmand heben.

Die Sahnemasse gleichmäßig auf dem Kuchen verteilen.

Den Kuchen in 20 gleichmäßige Stücke schneiden. Zucker und Zimt vermischen und den Kuchen zum Schluss damit bestreuen.

1 Stück:
330 kcal ▪ 4 g E ▪ 3,5 BE
1 K-Punkt ▪ 1 P-Punkt

Faschings-Waffeln – ein verrücktes Rezept

Zutaten für 8 Waffeln:

125 g	Margarine
100 g	Zucker
1 P.	Vanillezucker
3	Eier
	etwas abgeriebene Zitronenschale
125 g	Magerquark
200 g	Mehl
2 P.	Brausepulver (Orangen- oder Zitronengeschmack)
6 EL	Milch
15 g	Margarine für das Waffeleisen
10 g	Puderzucker zum Bestäuben

Zubereitung:
Margarine schaumig rühren, nach und nach Zucker, Vanillezucker, Eier, Zitronenschale und Quark zugeben.

Mehl sieben, einen Großteil abwechselnd mit der Milch unterrühren. Zuletzt das Brausepulver (enthält bereits Natron) unter die restliche Mehlmenge mischen und ebenfalls unter den Teig rühren.

Waffeleisen erhitzen und zu Beginn und während des Backens mit der Margarine leicht einfetten. Den Teig portionsweise einfüllen und goldbraun backen.

Die Waffeln mit gesiebtem Puderzucker bestäuben.

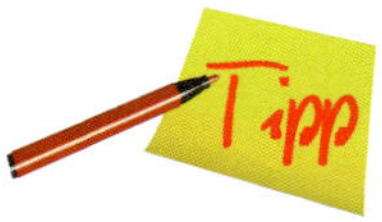

Mit den Schneebesen vom Handrührgerät lassen sich die Zutaten sehr leicht zu einem Teig verarbeiten.
Brausepulver kann auch durch einen knapp halbvoll gestrichenen Teelöffel Natron ersetzt werden.
Wer mag, kann kaliumarme Früchte und einen Klecks Schlagsahne zu den Waffeln essen.

1 Waffel:
320 kcal ▪ 8 g E ▪ 3,5 BE
1 K-Punkt ▪ 2 P-Punkte

Bunte Weihnachtsplätzchen

Grundrezept für 10 Portionen:

400 g	Mehl
160 g	Zucker
200 g	Butter oder Margarine
1	Eigelb
1	ganzes Ei
1 P.	Vanillezucker

Zum Bestreichen:
1 Eigelb mit 10 ml Milch verquirlt

Zum Verzieren:
bunte Zuckerperlen
Zuckerguss

Zum Füllen:
roter Himbeer- oder Johannisbeergelee

Zubereitung:
Die Teigzutaten zu einem Mürbeteig verarbeiten. Zwei Kugeln daraus formen, etwas flach drücken, abdecken und für ein paar Stunden in den Kühlschrank stellen.

Den Teig nach und nach etwa 3–4 mm dick ausrollen. Plätzchen ausstechen, mit der Eigelbmasse bestreichen und weihnachtlich verzieren.

Ein Backblech mit Backpapier belegen, die Plätzchen gleichmäßig darauf verteilen und im vorgeheizten Ofen bei 180–200 °C ca. 10 Minuten backen.

Mit Gelee gefüllte Plätzchen: Den Gelee in einen kleinen Topf geben, auf die Herdplatte stellen, geringe Hitze zuführen und unter Rühren mit einem Holzlöffel erwärmen. Der Gelee soll dabei etwas einkochen.

Gelee kann, je nach Rezept, sowohl mitgebacken als auch nach dem Backen zum Füllen genommen werden.

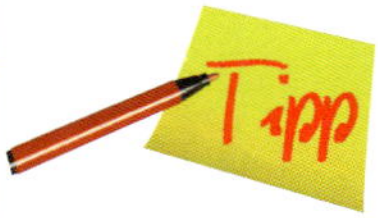

Schaut euch doch mal verschiedene weihnachtliche Backrezepte an, die ihr Zuhause findet könnt. Dann bekommt ihr Ideen, wie eure Plätzchen aussehen könnten.

Beim Ausrollen des Teiges nicht zu viel Mehl zum Bestäuben der Tischplatte und des Nudelholzes verwenden, denn sonst schmecken die Plätzchen mehlig und trocken.

Teigreste lassen sich in der Regel auch am nächsten Tag noch verarbeiten. Dazu müssen sie luftdicht in einer gut verschließbaren Vorratsdose oder in Frischhalte-Folie verpackt und in den Kühlschrank gestellt werden.

1 Portion:
380 kcal ▪ 6 g E ▪ 4,5 BE
1 K-Punkt ▪ 1,5 P-Punkte

Die nachfolgenden Kapitel
vermitteln praktische Hinweise
für verschiedene Situationen
im Alltag.

Viele Menschen
versäumen das kleine Glück,
während sie auf das große
vergeblich warten.
PEARL S. BUCK

PRAKTISCHE HILFEN FÜR DIE ERNÄHRUNG IM ALLTAG

Vorschlag zur Gestaltung eines Tageskostplanes mit 24–26 Kaliumpunkten (1.800–2.000 mg Kalium)

1. + 2. Frühstück (4–5 Kaliumpunkte)

2 Portionen Brot/Brötchen	2
Streichfett	0,2
1 Portion Quark	1
1 Portion Konfitüre	1
1 Portion kaliumarmes Obst	1
oder 1 Portion Cornflakes/Müsli (2–3), dazu 1 Portion Brot/Brötchen (1), Streichfett (0,2), 1 Portion Quark (1)	

Mittagessen (8–12 Kaliumpunkte)

1 Portion Fleisch, gekocht oder gebraten	3–5
1 Portion Gemüse oder Salat	2–3
1 Portion Reis oder Nudeln	1
oder 1 Portion Kartoffeln (5)	
Kochfett	0,2
1 Portion kaliumarmes Obst oder Dessert	1–2

Nachmittag (1–2 Kaliumpunkte)

1 Stück Kuchen	1–2
1 Portion Sahne	0,2
oder 1 Portion Brot (1), Streichfett (0,2), 1 Portion Konfitüre oder Quark (1)	

Abendessen (5–6 Kaliumpunkte)

2 Portionen Brot	2
Streichfett	0,2
2 Portionen Belag (80 g)	2
1 Portion Gemüsebeilage*	1–3
oder 1 Portion Süßspeise (1–3)	

Getränke (3 Kaliumpunkte)

1–2 Tassen Kaffee	1–2
1 Tasse Tee	0,2
1 Glas Apfelsaftschorle	1
Mineralwasser	0

Anmerkungen

- *Wenn die Gemüsebeilage (*) bereits Käse/Ei/Schinken enthält, sollte nur 1 Portion Belag (40 g) zum Brot verzehrt werden.*
- *Brotmahlzeiten lassen sich gegen warmes Essen austauschen.*
- *Wenn ein bestimmtes Rezept (z. B. gefüllte Paprikaschote) eingeplant wird, so sind hierbei die Kalium- und Phosphatpunkte für das gesamte Rezept zu bewerten.*
- *Die Trinkmenge ist mit der täglich zur Verfügung stehenden Flüssigkeitsmenge abzustimmen.*
- *Weitere Auswahlmöglichkeiten und Hilfen zu Portionsgrößen erhalten Sie in dem Buch „Dialysegerechte Ernährung“, s. Seite 57/58.*
- *Vermeiden Sie den Einsatz von Lebensmitteln mit phosphathaltigen Zusatzstoffen (s. Zutatenliste), z. B. Brühwurst, gekochter Schinken und Schmelzkäse. Wählen Sie bei Bedarf Bio-Ware aus.*

Wassergehalt der Nahrung und Trinkmenge

- In den festen Speisen im täglichen Essen sind ca. 0,8–1 Liter Wasser enthalten. Suppen, Soßen, Pudding, Breie, Obst und Gemüse haben eine hohen Wassergehalt, der gesondert berücksichtigt werden muss.
- Die allgemeine Trinkmenge beträgt bei fehlender Restausscheidung ca. 500–800 ml pro Tag.
  In Abhängigkeit der Restausscheidung der letzten 24 Stunden kann mehr getrunken werden. Auf die Anweisung des Arztes achten.
- Die tägliche Gewichtszunahme sollte nicht mehr als 1 kg betragen.
- Der Wassergehalt der Rezepte in diesem Buch orientiert sich an den allgemeinen Richtlinien einer eingeschränkten Flüssigkeitszufuhr.

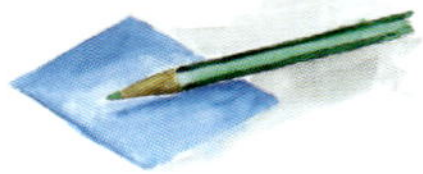

Vorschlag zur Gestaltung eines Wochenspeiseplans

	Mittagessen	Nachmittag	Abendessen-Beilage
Montag	Frikadelle (3/5) Gurkengemüse in Dill-Rahmsoße (3/1) Kartoffelbrei (4,5/2) Vanillepudding (0,5/0,2)	Purzelbaumkuchen (mit Natron und Zitronensaft) (1/1)	Waldorfsalat (3/2) oder Grießschnitte mit Pfirsichsoße (1,5/1)
Dienstag	Fleischspieße mit Soße (5,5/4) Nudeln (1/3) Kopfsalat mit Radieschen und Essig-Ölsoße (2/0,2) Schlummerspeise (1,5/1)	Kirschauflauf (3/2,5)	Lauchtorte (3/4,5) oder süßer Reissalat (1,5/1)
Mittwoch	Hühnerfrikassee in Blätterteigpastete (4/5,5) Endiviensalat mit saure-Sahne-Soße (3/1) Rote Apfelspeise mit Vanillesoße (1,5/0,5)	Quarkwaffeln (mit Natron) (1/2)	Blumenkohl-Schinken-Salat (3,5/2,5) oder Tutti Frutti (1/0,5)
Donnerstag	Gefüllte Paprika (5,5/6,5) Reis (0,5/2) Zitronengrütze (1/1)	Frankfurter Kranz (mit Natron und Zitronensaft) (1,5/2)	Bunter Nudelsalat (4/4) oder Apfelpfannkuchen (1,5/1,5)

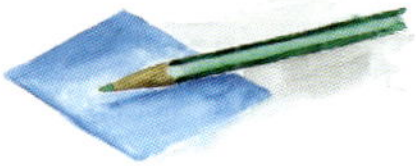

Mittagessen	Nachmittag	Abendessen-Beilage
Freitag		
Schellfisch mit Apfel-remouladensoße (5,5/5,5) Kartoffeln (5/2) Kopfsalat mit Radieschen und Essig-Ölsoße (2/0,2) Himbeergelee mit Vanillesoße (0,5/0,2)	Dampfnudeln (1/1,5) mit Vanillesoße (0,5/0,2)	Ananas-Käse-Salat (3/4) oder Schmandspeise mit Knusperkrokant (1,5/3)
Samstag		
Spaghetti alla carbonara (3/6) Eichblattsalat mit Essig-Ölsoße und Röstbrotwürfeln (2/0,5) Milchreis mit Erdbeeren (2/1)	Fantakuchen (mit Natron und Zitronensaft) (1/1)	Schlemmersalat (3,5/4) oder Arme Ritter mit Apfelmus (2/2)
Sonntag		
Putenschnitzel mit Currysoße und Fruchtbeilage (5,5/4,5) Möhrengemüse (3/1) Reis (0,5/2) Feuerball-Eisdessert (2/1)	Heidelbeer-Biskuitrolle (mit Natron) (1,5/2,5)	Spargelröllchen mit Toast (4/3) oder Mandarinen-Quarkspeise (1/1,5)

Dieser Wochenspeiseplan enthält Vorschläge für

- *ein vollständiges Mittagessen*
- *die Nachmittagsmahlzeit*
- *die pikante oder süße Beilage zur abendlichen Brotmahlzeit*

Der tägliche Kostplan ist zu ergänzen durch

- *ein vollständiges 1. und 2. Frühstück*
- *den Belag zum Abendbrot und Getränke*

- *Die in Klammern gesetzten Zahlen beziehen sich auf die Punktzahlen von Kalium (erste Stelle) und Phosphat (zweite Stelle) einer jeweiligen Portion.*
- *Der tägliche Kostplan sollte bei eingeschränkter Kaliumzufuhr 24–26 Kaliumpunkte und 24 Phosphatpunkte nicht übersteigen.*

Essen am Familientisch

Der Dialysepatient sollte weitgehend an der gemeinschaftlichen Verpflegung teilnehmen. Da dies aber nicht immer der Fall sein kann, besteht die Möglichkeit, durch geschicktes Austauschen einzelner Mahlzeitenbestandteile ein dennoch schmackhaftes und möglichst abwechslungsreiches Essen zu bekommen.

Dazu ein Beispiel:
Anstatt gegrillter Hähnchenkeule mit Pommes frites und Kopfsalat stehen auf dem Speisezettel einer dialysegerechten Kost nunmehr:
eine Portion gegrillte Hähnchenkeule mit Reis und Kopfsalat.

Essen außer Haus und zu besonderen Gelegenheiten

Gönnen Sie sich die Freude, auswärts zu essen. Lassen Sie sich in gemütlicher Atmosphäre genüsslich bedienen. Versuchen Sie, so gut wie möglich, Ihre Wünsche nach etwas Bestimmtem zu erfüllen.

Wählen Sie Gerichte mit kaliumarmen Beilagen wie Reis, Nudeln, Blätterteigpasteten, Semmelknödeln oder einem Brötchen aus. Dadurch schaffen Sie sich Spielraum für eine kaliumreiche Komponente,

z. B. ein kleines Schnitzel, gegrilltes Hähnchenfleisch, Roulade, Gulasch oder gebackener Fisch. Ergänzen Sie Ihr Menü mit Kopf- oder Gurkensalat oder Salat aus gekochten Möhren und Bohnen.

In der asiatischen Küche bieten sich u. a. Gerichte mit Reisbeilage an wie Hühnerfleisch mit Spargel, aber auch Schweinefleisch süß-sauer. Beim Italiener könnten Sie sich Spaghetti alla carbonara (mit weniger Eigelb und ohne Parmesankäse) bestellen. Eine Pizza Hawaii wäre ebenfalls denkbar, wenn sie mäßig viele Tomatenstückchen enthält und mit gekochtem Schinken, möglichst ohne Phosphatzusatz, Ananas und salzmildem Mozarellakäse belegt ist.

Meiden Sie in jedem Falle salzscharfe Gerichte wie Kasseler mit Sauerkraut, Gyros und Heringstöpfchen.

In manchen Gasthäusern und Restaurants finden Sie nicht nur eine reichhaltige Speisekarte vor, sondern auch einen Koch, der ein offenes Ohr für Sie hat.

Äußern Sie Ihre Wünsche, achten Sie auf eine geeignete Lebensmittelauswahl, die entsprechende Portionsgröße und küchentechnische Zubereitung.

Zu Hause können Sie selber, wenn es nötig wird, für einen diätetischen Ausgleich sorgen.

Der tägliche Einkauf

Einkäufe gehören zum täglichen Leben dazu. Sie regen die Fantasie zum Essen an und fördern wertvolle zwischenmenschliche Kontakte.

Neben den sonst üblichen Produkten des täglichen Einkaufs wie Brot, Wurst und Käse, können Dialysepatienten aber auch verschiedene Halb- oder Fertigprodukte einkaufen.

Kleine Einkaufshilfen

- Welche Lebensmittel wollen Sie kaufen und welche Zutaten stehen auf der Zutatenliste bzw. sind auf der Verpackung lesbar?
- Werden normal käufliche Lebensmittel ohne phosphathaltige Zusatzstoffe angeboten?
- Können Sie evtl. auf Bio-Erzeugnisse zurückgreifen?
- Kann das Nahrungsmittel gekocht werden, um bei Bedarf den Kaliumgehalt zu vermindern?
- Besteht die Möglichkeit, in der täglichen Ernährung für einen entsprechenden Ausgleich zu sorgen?
- Wie groß ist das Portionsgewicht?
- Sind Sie sich sicher, dass kein Kochsalzersatz (Kaliumchlorid) enthalten ist?

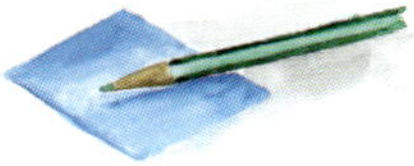

Geeignete käufliche Lebensmittel (Beispiele)

- Brühwurst, ohne Phosphatzusatz
- Butterkäse
- Couscous
- Croissant
- Fertige Quarkspeisen mit Obst
- Frischkäse, alle Fettgehaltsstufen
- Gouda, jung bis mittelalt
- GDL-Backpulver
- Hefe
- Kaffeesahne
- Körniger Frischkäse
- Matzen(-brot)
- Mineralwasser bis 20 mg Natrium/l
- Natron (als Backpulver-Ersatz)
- Pflanzliche Crème fraîche
- Sahneeis
- Sojadrink ohne Phosphatzusatz
- Soßenbinder ohne Phosphatzusatz
- Speisequark, natur (alle Fettgehaltsstufen)
- Weichkäse (Brie, Camembert)

Essen auf die Schnelle

Kleine Genüsse, mit denen Sie sich beim Einkaufsbummel in der Stadt stärken können. Beispiele:

- Pfannkuchen (Crêpes) mit Marmeladenfüllung
- Eis
- süße Gebäckstücke
- Brötchen mit Käse oder Ei
- Bratwurst mit Brötchen. **Merke:** Versuchen Sie, Bratwurst ohne Phosphatzusatz zu bekommen. An diesem Tag sollten Sie keine weitere Fleisch- oder Fischportion mehr essen.
- Phosphatbinder nicht vergessen!

Was Sie beispielsweise nicht essen sollten

- Heringsbrötchen (sehr salzig)
- Pommes frites/Reibekuchen (sehr hoher Kaliumgehalt)
- Gebrannte Mandeln und Maronen (sehr kalium- und phosphatreich)
- Pilzpfanne (sehr hoher Kaliumgehalt)

Tiefkühlmenüs

Die Lebensmittelindustrie ist darum bemüht, Tiefkühlmenüs nährstoffschonend zuzubereiten. Das hat zur Folge, dass es beim Braten, Grillen und dem häufig eingesetzten Dampfgaren zu keinem Kaliumverlust im Gargut kommt. Daher sollten Sie solche Menüs auswählen, die kaliumarme Komponenten enthalten (z. B. gekochtes Fleisch, Nudeln, Reis).

Beachten Sie auch, dass die Menüs nicht zu scharf gesalzen und gewürzt sind.

Der Fleischanteil in einem Fertigmenü beträgt ca. 100–120 g. Das Portionsgewicht von Fisch liegt um ca. 120–140 g. Beide Gewichtsanteile entsprechen der wünschenswerten Menge für Dialysepatienten.

- Es gibt Hersteller, die neben dem Salzgehalt Auskunft über den Kalium- und Phosphatgehalt geben.

Empfohlene Menübeispiele

- Hühnerfrikassee mit Spargel und Reis
- Rindsroulade mit Möhren und Spätzle
- Königsberger Klopse mit Delikatessbohnen oder Mischgemüse und Reis
- Pochierter Seelachs (Kochfisch) in Sahnesoße mit Gurken und Karotten und Gemüsereis
- Frühlingsrolle (Fleisch und Mungobohnenkeimlinge enthalten den vollen Kaliumgehalt, Teighülle ist kaliumarm)
- Pfannkuchen mit pikanter Hackfleischfüllung und Blumenkohlgemüse
- Heidelbeerpfannkuchen mit Kirschfüllung und Vanillesoße

Essen im Dialysezentrum

Für das Essen im Dialysezentrum spielen der Zeitpunkt der Essenseinnahme in Bezug auf die Kaliumzufuhr und die Bekömmlichkeit der Mahlzeit eine besondere Rolle.

Wenn also zu Beginn der Dialysebehandlung eine Mahlzeit oder Frischobst, z. B. Banane oder Weintrauben, gegessen wird, ist davon auszugehen, dass das Kalium noch während der Dialyse herausgefiltert werden kann.

Schwer Verdauliches hingegen wie Kohlgemüse und fettreiches Essen sättigt länger, so dass es zu einer verzögerten Entleerung des Magens kommt.

Eine leicht verträgliche Kost ist anzuraten, da sie allgemeinen Beschwerden wie Völlegefühl und Unwohlsein vorbeugt. Diese sind u. a. auf die mangelnde Bewegung während der Zeit an der Dialyse zurückzuführen.

Im Allgemeinen kann ein Patient bei problemlosem Verlauf des Dialyseverfahrens viele seiner seiner Essenswünsche erfüllen.

Diätetische Lebensmittel

Wenn die tägliche Ernährung eine ausreichende Zufuhr an Energie und notwendigen Nährstoffen, vor allem Eiweiß, nicht gewährleistet und eine Mangelernährung zu befürchten ist oder bereits besteht, dann können diätetische Lebensmittel zusätzlich zur normalen Ernährung zum Einsatz kommen. Sie sind speziell für chronisch Nierenkranke konzipiert. Es besteht die Möglichkeit einer Verordnung über den Arzt.

Je nach Produkt eignen sie sich zum Anrühren bzw. zum Untermischen in Speisen oder als Trinknahrung. Es gibt verschiedene Geschmacksrichtungen.

Informationen erhalten Sie über das Internet beim Hersteller selbst oder in der Apotheke.

Reine Eiweißkonzentrate

- Diaprotein | Dr. Steudle, Linden
- Renapro | RenaCare, Hüttenberg

Trinknahrungen, eiweiß- und energiereich

- Abbott Nepro® HP | Abbott Nutrition
- Braun reNutritioner/Dialyse | Braun Melsungen
- Nutricia-Renilon 7.5 | Nutricia, Erlangen
- Restoric nephro intensiv | vitasyn, Berlin
- Restoric nephro intraD | vitasyn, Berlin

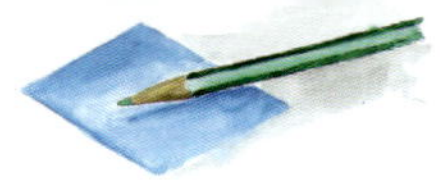

Verzeichnis der Rezepte

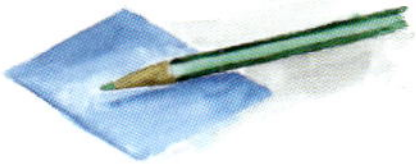

Fisch

Eier

Käsegerichte

Gerichte mit Tofu

Kartoffeln, Nudeln, Reis, Couscous, Mehlspeisen

Salate, Gemüse

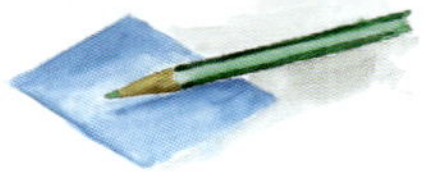

Desserts, sättigende Süßspeisen

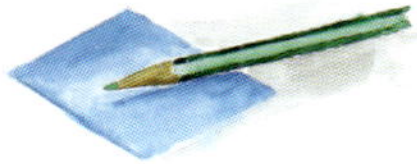

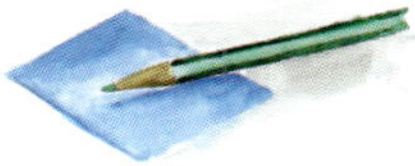

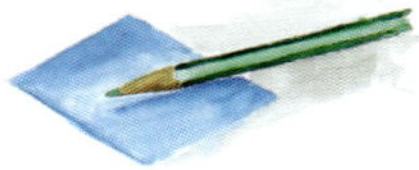

Ernährung bei Diabetes mellitus

Rezepte für junge Hobbyköche

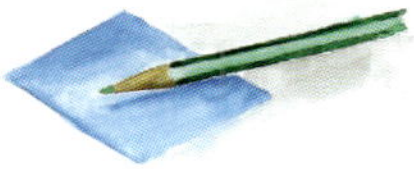

Was noch zu sagen wäre

Die Informationen in diesem Buch wurden mit größter Sorgfalt zusammengestellt. Trotzdem können Fehler nicht ausgeschlossen werden. Für fehlerhafte Angaben und deren Folgen wird daher weder juristische Verantwortung noch irgendeine Haftung übernommen.

Der besseren Lesbarkeit wegen verzichte ich auf die Bezeichnungen „Dialysepatientinnen und -patienten“ und wähle stattdessen den einheitlichen Begriff „Dialysepatienten“.

Ein herzliches Dankeschön richte ich an meine Familie, Freunde und Bekannten, die mich bestärkt haben, dieses Buch zu schreiben. Mein Dank gilt vor allem denjenigen, die mir in besonderer Weise helfend zur Seite standen und mir ihre wertvolle Zeit geschenkt haben.

Meiner Schwägerin, Elke von Boeselager, danke ich für das Zeichnen aller farbenfrohen Aquarelle. Das gemeinsame Arbeiten mit ihr hat einfach viel Spaß gemacht.

Die Zeit der intensiven Vorbereitungen für dieses Kochbuch war für mich durch sehr viel Freude geprägt.

Huberta Eder

Schlussgedanken

Mit diesem Kochbuch verbinde ich den persönlichen Wunsch, Dialysepatienten die bunte Welt einer vielseitigen und schmackhaften Küche zu zeigen. Ich möchte ihnen auch helfen, Fantasie für eine abwechslungsreiche Küche zu bekommen, um eigene Wege bei der Nahrungsauswahl und Essenszubereitung zu finden.

Ich hoffe, dass das Buch vielen Betroffenen ein täglicher Begleiter und ein Baustein zu mehr Wohlbefinden und Lebensfreude sein wird.

Schließlich bleibt mir nur noch, von Herzen das Beste zu wünschen – guten Appetit!

Huberta Eder

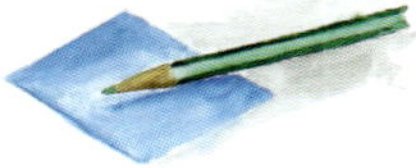

Literatur und Adressen

Weitere empfehlenswerte Bücher für chronisch Nierenkranke von Huberta Eder im Kirchheim-Verlag:

Dialysegerechte Ernährung

Das Buch stellt eine Ergänzung zu dem vorliegenden Kochbuch dar. 15 Lebensmitteltabellen im praktischen Ampelsystem verhelfen zu einer mühelosen Lebensmittelauswahl. Der Kalium- und Phosphatgehalt ist im einfachen Punktesystem angegeben.
Mit Informationen zur richtigen Ernährung, vielen Rezepten mit vollständigen Nährwertangaben und medizinischen Grundlagen.

Am besten frisch gekocht!

Dieses Kochbuch zeigt Ihnen, wie Sie sich sinnvoll ernähren bei chronischer Nierenerkrankung, Bluthochdruck und/oder Diabetes.
Mit 90 Rezepten der eiweiß- und kochsalznormalisierten Küche: frisch, abwechslungsreich und lecker! Alle Nährstoffe sind pro Portion angegeben.

Gesunde Ernährung für Nierentransplantierte

Dieses Kochbuch gibt Ihnen wichtige Hilfestellungen – leicht verständlich und alltagstauglich. Sie finden hier das Basiswissen zur gesunden Ernährung und über 80 abwechslungsreiche Rezepte inklusive der Nährwertangaben. Außerdem: viele Hygienetipps, eine kompakte medizinische Einführung und wunderschöne Aquarelle.

Erhältlich überall im Buchhandel oder über www.kirchheim-shop.de

Selbsthilfegruppe für chronisch Nierenkranke

Bundesverband Niere e.V.,
Essenheimer Str. 126, 55128 Mainz
Tel.: 06131-85152,
www.bundesverband-niere.de

Die Mitgliederzeitung des Bundesverbandes Niere e.V. „Der Nierenpatient“ erscheint 6 x pro Jahr. Mit großem Ernährungsteil und vielen Rezepten.

„Junge Nierenkranke Deutschland e.V.“,
www.junge-nierenkranke.de

Literaturangaben

I. Elmadfa, W. Aign, E. Muskat, D. Fritsche
Die große GU Nährwert-Kalorien-Tabelle
Gräfe und Unzer Verlag
Verschiedene Ausgaben seit 2000/01

H. und B. Heseker, Die Nährwerttabelle
Umschau Verlag
Verschiedene Ausgaben seit 2000